JN080348

知的障害のある人への心理支援

思春期・青年期における メンタルヘルス

下山真衣
Mae Shimoyama

編著

学苑社

はじめに

　知的障害のある人たちへの心理支援を検討するために、2016年に「知的障害のある人のメンタルヘルス研究会」を立ち上げました。この研究会は、知的障害のある人のメンタルヘルスや心理支援について報告し合い、実践的に検討することで、新しい心理支援の考え方や工夫を生み出すことを目的として活動しています。

　研究会立ち上げのきっかけは、軽度知的障害のある人を心理相談室に紹介しようとしたところ、「知的障害がある人は洞察ができないからカウンセリングできない」と言われたことにさかのぼります。それまで、知的障害のある人自身から学校での悩み、家庭や夫婦関係の悩み、職場での悩みについて相談を受けていたため、そんなふうにリファーを断られることがあるんだと感じたのを今でも思い出します。その後、数年間仕事をしながら、国内ではどうやら一般の人たちと違って知的障害のある人たちへのカウンセリングや心理支援はあまり広がっていないのかもしれないと考え、国外はどうなっているのか調べてみようと、ようやく思いつきました。

　海外の知的障害のある人のメンタルヘルスの不調やそれに関する心理支援を調べると、関連した洋書や論文が複数見つかりました。それらを購入して読んでみると、知的障害のある人に対する心理支援の不足が海外でも同様に指摘されており、しかも1990年代に既にその状況に対する批判がなされていたのでした。そして、それだけでなく知的障害のある人に向けたカウンセリングや心理療法が開発されていることも知りました。

　自分は研究者なのに、まず初めに文献にあたってこなかったことを後悔すると同時に、初心に戻って知的障害のある人のメンタルヘルスと心理支援についてきちんと検討したいと考えました。そこで、研究会を立ち上げて、仲間と一緒に研究を進めることにしました。そうしたところ、知的障害のある人に対して心理支援を個々に行ってきた心理師の人たちと繋がることができ、研究会が支援の知見を共有する大事な場所になっていきました。

　研究会では知的障害のあるクライエントに対して、視覚支援や話の聞き方の

工夫やまとめ方の工夫、カウンセリングのプロセスにおけるポイントなどが報告され、知的障害のある人への心理支援の実際を整理することができました。多くはこれまでのカウンセリングの枠組みを変えるものではありません。どちらかというと、知的障害のある人たちへの理解を深め、心理支援のアクセシビリティを高めていくような工夫が多いと思います。

　本書は、そんな「知的障害のある人のメンタルヘルス研究会」で検討してきた内容をもとに、知的障害のある思春期・青年期の若者のメンタルヘルスの基本的な知識と具体的な実践事例についてまとめたものです。これまで知的障害のある人への心理支援を行ってきた人やこれから行おうと思っている人に向けて執筆しました。読んでいただければ、研究会で検討してきた道筋を読者の皆さまも追体験できると思います。知的障害のある人の心理支援について、これからも、またこれまで以上に取り組んでいきたいと感じいただければ幸いです。

令和4年7月13日
下山真衣

目　次

第 **1** 部

基礎編

第 **1** 章

知的障害のある人の 思春期・青年期のメンタルヘルス

下山 真衣

1 ▪ はじめに

　日々の生活の中で思春期・青年期の知的障害のある人たちは、知的障害のない人と同様に悩みやストレスを抱えています。勉強や将来の進路、自分の学校や職場、施設に対する疑問、自分自身のこと、いじめ、友だちや先生、家族、上司や同僚、施設職員や利用者同士の関係などで知的障害のある人たちも悩んでいるのです。

　しかし、知的障害のない人と同じような悩みがある一方で、知的障害のある人たちは、交友関係が少なく、気晴らしやストレスの発散方法がなく、楽しめる余暇が充実していない、相談する相手がいないなど、自分の悩みを解決できずに1人で抱えていることがあります。そこからうつ病や不安障害、不登校や非行、アルコール依存症や薬物依存症、行動障害、引きこもりなど様々な問題が生じる場合があります。

　近年、知的障害のある人は知的障害のない人に比べてメンタルヘルスの不調の発生は起こりやすいか、同じくらいだと考えられています（下山・園山, 2021）。しかしながら、知的障害のある人のメンタルヘルスの不調に対する心理支援については、残念ながらこれまであまり注目されてきませんでした。その理由は、知的障害のある人がメンタルヘルスの不調を示すとソーシャルスキルの不足や問題行動の文脈だけで考えられがちであること、知的障害のある人に向けたメンタルヘルスのアセスメントの開発が不十分であること、知的障害のある人への従来的な固定観念や偏見によって心理療法が提供されない場合があること、知的障害のある人への心理療法のエビデンスが不足していることな

8

ど様々です（Taylor & Knapp, 2013）。国内でも同様のことが起きていると考え、仲間の研究者や臨床家と 2016 年から「知的障害のある人のメンタルヘルス研究会」を立ち上げました。知的障害のある人のメンタルヘルスに関する科学的な根拠に基づいた情報を共有し、互いに事例を報告することで理論と実践の知を積み重ねてきました。本書はこの研究会で得た知見を元に構成されています。

　海外では、30 年以上前から知的障害のある人のメンタルヘルスの不調に対するカウンセリングや心理療法に関する研究や実践の蓄積があります。これらの知見から、知的障害のある人に向けたカウンセリングや心理療法などの心理支援のアクセシビリティが高まるための工夫を考えることができます。そしてこのような心理支援を実際に行うために、本章では知的障害のある人のメンタルヘルスの不調に関する基本的情報を整理していきます。

2 ■ メンタルヘルスの不調とは

　メンタルヘルスは「こころの健康」や「精神保健」とよく訳されます。WHO（世界保健機関）は、メンタルヘルスとは「個人が自分の能力を発揮し、生活上の通常のストレスに対処し、生産的で有意義に働き、地域社会に貢献できる良好で安心した状態」と定義しています（WHO, 2017）。

　一方、メンタルヘルスの不調は、うつ病や統合失調症、不安障害といった精神疾患だけでなく、ストレスや悩み、不安など、社会生活や日常の生活の質に影響するようなこころの問題を含める場合があります（厚生労働省・独立行政法人労働者健康安全機構, 2017）。本書においても、メンタルヘルスの不調を精神疾患だけでなく幅広くこころの問題として取り扱っていきます。精神疾患については、第 2 章で詳しく説明します。

　さて、精神疾患はどのくらいの割合で起きることなのでしょうか。日本国内では、人口のおおよそ 20 ％程度の人が生涯を通じて精神疾患に罹ると報告されています（Kessler et al., 2007）。精神疾患は日本の 5 大疾病の 1 つで、残りの 5 大疾病は新生物（がん）、脳血管疾患、虚血性心疾患、糖尿病となります。2017 年に厚生労働省が発表した「患者調査」では、新生物（がん）230 万人、

脳血管疾患 112 万人、虚血性心疾患 72 万人、糖尿病 329 万人、精神疾患 348
万人と報告されており、精神疾患が一番多い状況です。図 1-1 には、5 大疾病
について年齢別の患者数を表しました。

　さて、この 5 大疾病において特徴的なのが、精神疾患以外は 65 歳以上の患
者が大半を占めているのに対して、精神疾患は 15 歳未満の子どもから 65 歳以
上と幅広い年齢層にわたって患者がいることです（厚生労働省，2017）。どの年
齢層においても、精神疾患の予防や治療が必要とされていることがわかりま
す。

　厚生労働省は、国民の生活習慣病に対する健康づくり運動を推進する「健康
日本 21（第一次）」の総括（厚生労働省，2011）で、国民のメンタルヘルスの不
調が喫緊の課題であると報告しています。この報告を踏まえ、国や自治体の健
康づくりの政策にこころの健康への対策が入れられるようになった背景があり
ます。私たちの健康や生活の質を考える上で、メンタルヘルスを保つこと、そ
してメンタルヘルスの不調を予防し、改善していくことは大事なテーマである
と言えます。

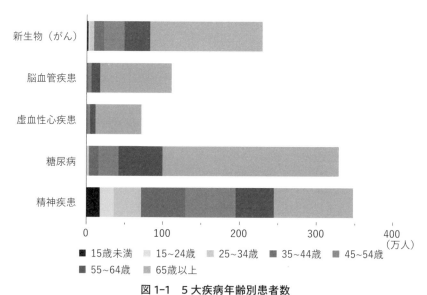

図 1-1　5 大疾病年齢別患者数

厚生労働省（2017）『患者調査』をもとに作成。

3 ■ 知的障害のある人のメンタルヘルスの不調と その要因

　それでは、知的障害のある人たちのメンタルヘルスの不調はどのような状況にあるのでしょうか。知的障害のある人のメンタルヘルスの不調の発生は、知的障害のない人と比べて同程度か、もしくは高いことが国内外の研究で報告されています（例えば、Cooper et al., 2007; Shimoyama et al., 2018; Taylor et al., 2004）。

　知的障害のある人の精神疾患の有病率について、Smiley（2005）が複数の先行研究についてシステマティックレビューを行っています。その結果、知的障害のある人の精神疾患の内訳は、統合失調症が 3%、双極性障害が 1.5%、うつ病が 4%、不安障害が 6%、特定の恐怖症が 6%、広場恐怖が 1.5%、強迫性障害が 2.5%、65 歳以上の人の認知症が 20%、問題行動が 10 〜 15% でした。

　一方、Cooper et al.（2007）は知的障害のある人の 1,023 名を対象に臨床診断による調査を行ったところ、知的障害のある人の精神疾患の時点有病率（ある期間に区切った精神疾患を発症している人の割合）は 22.4% でした。問題行動を含めると時点有病率は 40.9% にも上昇します。それぞれの疾患別の有病率は、精神病性障害（統合失調症）が 4.4%、感情障害が 6.6%、不安障害が 3.8%、強迫性障害が 0.7%、器質性障害が 2.2%、アルコール・物質使用障害が 1.0%、異食が 2.0%、人格障害 1.0%、睡眠障害が 0.6%、人格障害が 1.0%、問題行動が 22.5%、その他の精神疾患が 1.4% でした。この 2 つの研究の共通点としては、知的障害のない人に比べて統合失調症の有病率が高いことと、問題行動がかなりの割合を占めているということです。

　国内では小規模調査となりますが、Shimoyama et al.（2018）が東京都に住む知的障害のある人 126 名を対象に調査したところ、知的障害のある人の精神疾患の発生は 23.8% でした。さらに下山・園山（2021）は、東京都にある 23 の通所施設に通う知的障害のある人の 180 名を調査し、精神疾患の診断の有無やその内訳を報告しています。結果は、統合失調症が 2.2%、うつ病が 1.1%、双極性障害が 1.1%、不安障害が 6.1%、パニック障害が 5.6%、強迫性障害が

2.2%、愛着障害が 2.2%、薬物依存症が 0.6%、摂食障害が 1.7%、睡眠障害が 5.0%、認知症が 0.6%、適応障害が 1.7%、異食が 1.1%、素行障害が 1.1%、間欠性爆発性障害が 0.6% でした。国内での知的障害のある人の精神疾患についての有病率や診断の内訳についての報告は少なく、まだどのような傾向にあるのかはっきりとはわかっていないので、今後もこのような調査を続ける必要があります。しかしながら、知的障害のある人のメンタルヘルスの不調は国内外を問わずに発生しており、知的障害のない人と変わらず様々な精神疾患を経験していることがわかります。

　次に、知的障害のある子どもから青年のメンタルヘルスの不調の発生について注目していきます。知的障害のある子どもや思春期・青年期の人たちのメンタルヘルスの不調の発生については、Einfeld et al.（2011）が次のように詳しく調査しています。彼らが、知的障害のある子どもとない子ども（それぞれ年齢の範囲は 4 歳から 20 歳まで）を比較している複数の先行研究を調査したところ、知的障害のある子どもたちの 30 〜 50% がメンタルヘルスの不調を経験しているのに対して、知的障害のない子どもでは 8 〜 18% でした。この研究から、知的障害のある子どもは知的障害のない子どもに比べてメンタルヘルスの不調が 2.8 〜 4.5 倍ほど高く発生していることがわかります。そして、知的障害のある人の中で、子ども時代にメンタルヘルスの不調を経験した人の 3 分の 2 は、大人になってもメンタルヘルスの不調を抱えたまま過ごしているという結果も報告されています（Einfeld et al., 2006）。

　さて、知的障害のある人たちのメンタルヘルスの不調のきっかけとなる要因についても少し整理していきます。知的障害のある人の場合については、生物学的な面では性別、年齢、生物学的な脆弱性、心理的な面では逆境的な体験への脆弱性やレジリエンスの課題、社会的な面では貧困、虐待、いじめなど逆境的な環境での生活が挙げられています（Einfeld et al., 2011; Emerson & Hatton, 2007; Hatton et al., 2018）。

　他にもメンタルヘルスの不調には、ネガティブなライフイベントの経験が関連していると指摘されています（Hulbert-Williams et al., 2014）。この研究で挙げられているネガティブなライフイベントの例としては、施設職員の変更、自分の住んでいる場所に他の人が引っ越してくること、もしくは引っ越してしま

うこと、病気や怪我、友だちや家族との別れ、自身の引越しや部屋の移動、暴力を受けたなど様々です。国内においては、Shimoyama et al.（2018）がメンタルヘルスの不調があるとみなされた知的障害のある人の過去2年間のネガティブなライフイベントを調べたところ、近親者との死別、重度の病気や怪我、家の引っ越しや施設の移動、1か月以上の無職、退職、触法の問題などが挙げられました。

　実際に知的障害のある子どもや思春期・青年期の人たちと過ごしたことがある人であれば、これらのライフイベントが影響し、当該の人たちが不安定になっていく姿を見たことがあるかもしれません。引っ越しや施設の移動、施設職員の交代などは、こちらの想像以上に知的障害と自閉スペクトラム症のある人にネガティブな影響を与えているようなことも、実際にこれまで多々ありました。

　さらに軽度・中等度の知的障害のある思春期・青年期の人たちのメンタルヘルスの不調を調査した研究では、いじめを受けたことがメンタルヘルスの不調と潜在的に関連していることを指摘しています（Hatton et al., 2018）。他にも、知的障害のない同年代の子どもに比べ、知的障害のある子どもは、家庭の経済状況が低く、友だちが少ないことが多いと報告されており（Hatton et al., 2018）、このような状況がメンタルヘルスに間接的に影響することが予想されています。

　逆境的な体験やネガティブなライフイベントの経験がどのように知的障害のある人たちに影響しているのかについては、今後も研究が必要な分野です。これらのリスクを本人や家族、教員、支援者が知ることで、予防的な対応を行い、ことが起きた後に適切に対応するための準備ができるのではないかと考えられます。

4 ■ 知的障害のある人のメンタルヘルスに関する　心理支援の課題

　これまで紹介した研究からも、知的障害のある思春期・青年期の人たちのメンタルヘルスのニーズは高いことが予想されますが、残念ながらそのニーズに

応えられるようなリソースや支援が行き渡っている状況とは言えません。そして、知的障害のある人たちにカウンセリングや心理療法のニーズがあることも一般的に知られていると言い難い状況です。また、知的障害のある人たちにはカウンセリングや心理療法は向かない、適切でないと排除されてきた歴史があります（Prout, 2013; 下山, 2021）。そのような心理師の態度について Bender (1993) は強く異議を唱えました。これをきっかけに、海外においては知的障害のある人に対するカウンセリングや心理療法を提供していく機会が増え、関連した研究がより行われるようになっていきます。1990年代以降、知的障害のある人に向けたカウンセリングや心理療法の課題と工夫についての情報が蓄積されていったのです。

　国内においても知的障害のある人に対する心理支援のアクセシビリティを高めるために、専門機関の利用と実際に心理支援を行う上での課題について整理していきます。

（1）メンタルヘルスの不調に関する専門機関の利用

　知的障害のある人たちがメンタルヘルスの不調になったときにどのような専門機関を利用しているのでしょうか。表1-1は先行研究からその情報を整理したものです。

　メンタルヘルスの不調が起きたときに利用する専門機関は、一般の人たちでは精神科医が13.6%、心理師が14.0%、精神科医以外の医師が8.9%、福祉サービスが6.7%でした（Naganuma et al., 2006）。知的障害のある人は、精神科医が59.1%、心理師が6.1%、精神科医以外の医師が9.1%、福祉サービスが9.1%で

表1-1　専門機関の利用状況

	精神科医	心理師	その他の医師	福祉
一般人口 （日本）	13.6%	14.0%	8.9%	6.7%
知的障害の ある人 （東京）	59.1%	6.1%	9.1%	9.1%

出典：Naganuma et al. (2006) と Shimoyama et al. (2018) をもとに作成。

した（Shimoyama et al., 2018）。調査の規模や調査時期がだいぶ異なっている研究ですが、知的障害のある人とない人の専門機関の利用の傾向として紹介します。表1-1 のように比較してみると、知的障害のある人は精神科医の利用がかなり多く、心理師の利用は少ないと見て取れます。世界的に見て、知的障害のある人の精神科医の利用が多いことは日本の医療の豊かさを表していると考えられます。しかし、心理師の利用は少ないのが現状です。これは精神科医で治療を行っているから十分であるとも読めますが、精神科医療と心理師の役割の違いやニーズに合わせた支援を考える上では、課題があるのかもしれません。

　それでは、子どもたちの身近で心理支援の専門家として配置されているスクールカウンセラーでは、どうでしょうか？　文部科学省（2020）「令和元年度スクールカウンセラー実践活動事例集」と文部科学省（2020）「特別支援教育資料（令和元年度）」から、2019年度にスクールカウンセラーが配置されている学校の割合を算出したところ、小学校で78.0%、中学校で97.7%、高等学校で65.7%、特別支援学校で33.1%でした（下山，2022）。特別支援学校のスクールカウンセラーの配置状況は小学校・中学校・高等学校に比べてかなり少なく、また地域間格差が著しい状況にあります。

　知的障害特別支援学校に通う子どもたちは、学校での心理支援が必要ないわけではありません。倉光ら（2019）は、知的障害特別支援学校の不登校の状況についてその要因を整理しました。地域の小・中学校時代にすでに不登校となり、特別支援学校に転入、入学するものの、そのまま不登校になっている子どもたちがいることや、不登校の要因の1つにメンタルヘルスの不調があることをまとめています。中野ら（2019）は、知的障害特別支援学校において心と行動の不調を抱える生徒が存在し、軽度知的障害のある生徒は情緒不安定や不登校などの問題が発生していることを指摘しています。

　これまで知的障害特別支援学校でスクールカウンセラーが配置されたところ、中学部・高等部の多くの生徒たちがスクールカウンセラーとの相談を希望した様子を見聞きしています。知的障害のある子どもたちが学校において心理相談やカウンセリングを受けられることは、学校生活を安心して、健康的に送るために良いリソースとなると考えられます。

（2）知的障害のある人のメンタルヘルスの不調に関する心理支援の工夫

　英国心理学会は2018年に心理職が知的障害のある人に対する実践の場を広げることを目的に小冊子を発行しています（The British Psychological Society, 2018）。この冊子において、知的障害のある人に心理療法を行う場合に、コミュニケーション、理解、記憶、処理、言語と認識、治療関係の理解、主体性の領域で必要となる工夫について以下のように整理しています。

●コミュニケーションの理解や表出が難しい場合に、クライエントが理解できているのか十分に確認する必要があり、絵を描いたり、イラストやシンボルを使って確認する

●理解を促すためには、シンプルなことば遣いを心がける必要があり、絵や資料など言語以外の手段も使用することがサポートになる

●記憶することや思い出すことが難しい場合があるので、以前のセッションを思い出してもらったり、約束の時間を思い出せるように記録をつける工夫が必要

●情報を処理することが難しいために、質問に対して考える時間を十分とり、クライエントが混乱することを避ける

●クライエントの文脈や文化、言語や認識を考慮して進める必要がある

●クライエントは心理療法を受けた経験がないことが多く、心理的な治療関係について理解してもらう必要があり、本人が同意した上で治療が進んでいるか確認が必要

●クライエントは治療関係を経験していないため、一緒に協働する関係ではなく、何かをしてもらう関係として捉えている場合があること、また周囲が期待する態度を取ることもあり、主体性について注意が必要

　第3章で説明しますが、英国心理学会がまとめた知的障害のある人への心理支援の課題と工夫は、これまで仲間と一緒に検討し、整理してきたこととほとんど同じ内容です。知的障害のある人へのカウンセリングや心理療法は、大枠では一般の人にする方法と同じですが、アクセシビリティを高めるための工夫が必要です。また、こちらは支援の根幹に関わることですが、知的障害のある

人の育ってきた文脈、受けてきた教育や支援が心理療法における治療関係や治療のプロセスに大きく影響する場合があります。具体的には、知的障害のある人が本心で感じていることではなく、過剰に良い子を演じることや、これまで周囲から期待されていたような真面目で一生懸命な態度を取るとか、わからないときに問題が大きくならないようにわかったようなふりをするなどの例が挙げられます。心理支援では、知的障害のある人にこれまで経験していない新たなパートナーシップを理解してもらうことが必要になるかもしれません。

　一方、知的障害のある子どもたちに対する心理支援を実践する上では、表1-2にまとめたような工夫ができます。下山（2019）は、知的障害のある子どもたちに感情マネジメントプログラムを行う上で、参加の動機づけを高めるための工夫や、イラストやシンボルなど非言語の表現手段を準備したり、選択式で答えられるようにするなど多様な反応レパートリーを用意すること、言語理解や論理的思考をサポートするために、簡単な文章表現やイラストや映像を用いること、体験的な活動を準備すること、創造性についてフォローするためにアイデアリストを作ること、他の仲間たちの意見を聞く機会を作ることを提案しています。

　思春期・青年期の知的障害のある人への心理支援は、まずはアクセシビリ

表 1-2　知的障害のある子どもに対する心理支援の工夫

参加の動機づけを高める	・プログラムの最初に実施 ・子どもの興味関心のあるテーマを用いる ・イラストや映像を用いる
反応レパートリー	・非言語レパートリーを用いたり、準備しておく ・選択式で答えられるようにする ・視覚的な支援も用いる
言語理解と論理的思考	・簡単な表現、短い文章（話しことばの理解が良い） ・イラストや映像を用いる ・体験的な活動を用いる
創造性	・アイデアが思いつかないときのリスト ・仲間から提案されたアイデアを共有する

出典：下山真衣（2019）知的障害者のメンタルヘルスの不調の実態と問題行動に対する行動論的アプローチ ―公衆衛生予防モデルを用いた探索的検討―．筑波大学大学院博士学位論文，141-158.

ティを高めたり、インクルーシブな心理支援を考えることからはじまるように
考えています。

5 ■ おわりに

　知的障害のある人のメンタルヘルスの不調は、一般の人に比べて高いか同等
程度で起きており、その不調に対する心理支援のニーズは高いと考えられま
す。しかし、これまで知的障害のある人のメンタルヘルスの不調については、
教育、福祉、心理のそれぞれの領域で支援の必要性や適切な支援を行うための
情報が共有されていたとは言い難い状況でした。そのため、メンタルヘルスの
不調が問題行動やスキルの不足のみで捉えられてしまったり、障害の特性から
くるものと考えられがちな状況がよくありました。しかし、本書ではそこから
一歩進んで、アクセシビリティの観点とともに知的障害のある人たちに向けた
心理支援の考え方や方法を提案していきたいと考えています。第 1 部では知的
障害のある人のメンタルヘルスと心理支援に関連する基本的な知識や考え方を
まとめました。第 2 部では、実際の事例を基に思春期・青年期の知的障害のあ
る人の心理支援について考えることができるようにしています。

　さて、本書を通して一貫している考え方は、知的障害のある人たちの話を傾
聴するというプロセスです。心理師にとってはクライエントの話を傾聴するこ
とは当たり前のことかもしれませんが、実は知的障害のある人にとっては傾聴
されることは当たり前ではないかもしれません。そして、ときに心理師も知的
障害のある人の前では傾聴の態度が薄れていく場合もあるかもしれません。

　これまで知的障害のある人たちは自分の気持ちや考えが支援に反映されると
いう機会が少ない状況にありました。かつて、知的障害のある人は永遠の子ど
もであるとか、判断力に欠け自己決定のできない人だとか、自分の障害につい
て悩んだり苦しんだりすることのない人、自分に障害があることを知ることに
耐えられない人という障害観に当てはめられて見られていた時代がありました
（手をつなぐ親の会，1994）。もしかすると、現代でもまだそのような見方をさ
れている部分があるかもしれません。しかしながら、それは偏った見方である
といえます。知的障害のある人は、学校や作業所や職場に通い、入所施設で暮

らすなど社会生活を送っています。その中で友だち関係や先生との関係、家族との関係や夫婦関係、作業所や職場での人間関係に悩んでいたり、学校の活動や仕事の仕方がうまくいかずに、1人落ち込んでいたり、家から出られなくなっている場合もあります。また、自分自身や自分の障害について理解したいけれども、誰の手助けも得られない状況に置かれている人もいます。これらのことは知的障害のない人と同様の悩みなのです。そして、自分が自分らしく生きていきたいという思いは共通だと言えます。

　このような人たちに対してサポートできるのが心理支援です。心理支援では、その人のこれまでの来歴を振り返るために、時系列ごとに考えられるよう一緒に整理したり、どのような出来事があったのか、そのときどのような気持ちになったのか時間をかけながら聞きます。思い出すのに時間がかかる場合は、思い出せるようにきっかけの方法を一緒に考えたり、クライエントに合わせて思い出すための時間を確保したりします。このように支援側の聞き方を工夫することによって知的障害のある人の気持ちや感情を適切に知ることができ、心理支援におけるパートナーシップを築くことができます。以降の章で提案する様々な工夫を行うことで、知的障害のある人が主体的に自分自身の課題に向き合い、新たな柔軟性を得ることをサポートできるのです。

引用文献

Bender, M.（1993）The unoffered chair: The history of therapeutic disdain towards people with a learning difficulty. *Clinical Psychology Forum*, **54**, 7-12.

Cooper, S. A., Smiley, E., Morrison, J., Williamson, A., & Allan, L.（2007）Mental ill-health in adults with intellectual disabilities: Prevalence and associated factors. *The British Journal of Psychiatry*, **190**, 27-35.

Einfeld, S. L., Ellis, L. A., & Emerson, E.（2011）Comorbidity of intellectual disability and mental disorder in children and adolescents: A systematic review. *Journal of Intellectual and Developmental Disability*, **36**, 137-143.

Einfeld, S. L., Piccinin, A. M., Mackinnon, A., Hofer, S. M., Taffe, J., Gray, K. M., Bontempo, D. E., Hoffman, L. R., Parmenter, T., & Tonge, B. J.（2006）Psychopathology in young people with intellectual disability. *Journal of the American Medical Association*, **296**, 1981-1989.

Emerson, E., & Hatton, C.（2007）Mental health of children and adolescents with intellectual disabilities in Britain. *The British Journal of Psychiatry*, **191**(6), 493-499.

Hatton, C., Emerson, E., Robertson, J., & Baines, S.（2018）The mental health of adolescents with and without mild/moderate intellectual disabilities in England: Secondary analysis of a longitudinal cohort study. *Journal of applied research in intellectual disabilities*, **31**(5), 768-777.

Hulbert-Williams, L., Hastings, R., Owen, D. M., Burns, L., Day, J., Mulligan, J., & Noone, S. J.（2014）Exposure to life events as a risk factor for psychological problems in adults with intellectual disabilities: a longitudinal design. *Journal of Intellectual Disability Research*, **58**(1), 48-60.

Kessler, R. C., Angermeyer, M., Anthony, J. C., De Graaf, R. O. N., Demyttenaere, K., Gasquet, I, De Girolamo, G., Gluzman, S., Gureje, O., Haro, J. M., Kawakami, N., Karam, A., Levinson, D., Medina Mora M. E., Oakley Browne M. A., Posada-Villa, J., Stein, D. J., Adley Tsang, C.H., Aguilar-Gaxiola, S., Alonso, J., Lee, S., Heeringa, S., Pennell, B. E., Berglund, P., Gruber, M. J., Petukhova, M., Chatterji, S., & Ustün, T. B.（2007）Lifetime prevalence and age-of-onset distributions of mental disorders in the World Health Organization's World Mental Health Survey Initiative. *World Psychiatry*, **6**, 168-176.

厚生労働省（2017）患者調査. https://www.mhlw.go.jp/toukei/list/10-20-kekka_gaiyou.html（最終閲覧日：2022 年 5 月 5 日）

厚生労働省・独立行政法人労働者健康安全機構（2017）Relax 職場における心の健康づくり～労働者の心の健康の保持増進のための指針～. http://www.mhlw.go.jp/file/06-Seisakujouhou-11300000-Roudoukijunkyokuanzeneiseibu/0000153859.pdf（最終閲覧日：2022 年 4 月 12 日）

倉光晃子・柘植雅義・園山繁樹（2019）特別支援学校（知的障害）の不登校と支援体制に関する予備的研究. 福岡教育大学教育総合研究所附属特別支援教育センター研究紀要, **11**, 1-7.

文部科学省（2020）特別支援教育資料（令和元年度）. https://www.mext.go.jp/a_menu/shotou/tokubetu/material/1406456_00008.htm（2022 年 5 月 15 日確認）

文部科学省（2020）令和元年度スクールカウンセラー実践活動事例集. https://www.mext.go.jp/a_menu/shotou/seitoshidou/1421942_00001.html（2022 年 5 月 15 日確認）

Naganuma, Y., Tachimori, H., Kawakami, N., Takeshima, T., Ono, Y., Uda, H., Hata, Y., Nakane, Y., Nakane, H., Iwata, N., Furuta, T.A., & Kikkawa, T.（2006）Twelve-month use of mental health services in four areas in Japan: Findings from the World Mental Health Japan Survey 2002-2003, *Psychiatry and Clinical Neurosciences*, **60**, 240-248.

仲野栞・林安紀子・橋本創一・小林正幸・尾高邦生・李受眞・杉岡千宏・渕上真裕

美・三浦巧也・渡邉貴裕（2019）　特別支援学校高等部の軽度知的障害生徒における メンタルヘルスに関する全国調査．東京学芸大学紀要，**70**，177-183.

Prout, H. T., & Strohmer, D.C.（2003）Issues in counseling and Psychotherapy. In D. C. Storohmer & H. T. Prout（Eds.）, *Counseling & Psychotherapy: With persons with mental retardation and borderline intelligence*. John Wiley & Sons, NJ, 1-19.

下山真衣（2019）知的障害者のメンタルヘルスの不調の実態と問題行動に対する行動論的アプローチ ―公衆衛生予防モデルを用いた探索的検討―．筑波大学大学院博士学位論文，141-158.

下山真衣（2021）新型コロナウイルス感染症流行下での家庭での過ごし方．特別支援教育研究，**763**，9-11.

下山真衣（2022）知的障害のある子どものメンタルヘルスの不調と心理支援．日本学校心理士会年報，**14**，34-41.

Shimoyama, M., Iwasa, K., & Sonoyama, S.（2018）The prevalence of mental health problems in adults with intellectual disabilities in Japan, associated factors and mental health service use. *Journal of Intellectual Disability Research*, **62**, 931-940.

下山真衣・園山繁樹（2021）知的障害者の精神疾患と問題行動の発生と関連要因．福祉心理学研究，**18**，62-71.

Taylor, J. L., Hatton, C., Dixon, L., & Douglas, C.（2004）Screening for psychiatric symptoms: PAS ADD Checklist norms for adults with intellectual disabilities. *Journal of Intellectual Disability Research*, **48**, 37-41.

Taylor, J. L., & Knapp, M.（2013）Mental health and emotional problems in people with intellectual disabilities. In J. L. Taylor, W. R. Lindsay, R. P. Hastings, & C. Hatton（Eds.）, *Psychological therapies for adults with intellectual disabilities*. Wiley Blackwell, Chichester, 1-14.

手をつなぐ親の会（1994）『わたしにであう本』援助者ガイドブック．全日本育成会.

The British Psychological Society（2018）*Working relationally with adults with an intellectual disability – A discussion*. The British Psychological Society, Leicester. https://www.bps.org.uk/sites/www.bps.org.uk/files/Member%20 Networks/Divisions/DCoP/INF311%20WEB.pdf（最終閲覧日：2022 年 5 月 11 日）

World Health Organization（2017）*Policy options on mental health: A WHO-Gulbenkian mental health platform collaboration*. World Health Organization, Geneva.

第2章

知的障害のある人の 思春期の精神疾患と医療ケア

塩川　宏郷

1 ■ 精神医学からみた思春期

（1）思春期とは

　思春期は、ライフステージでいう学童期と青年期の中間、子どもでも大人でもない、むしろ子どもと大人が半分ずつまじりあった、あるいは子どもから大人への「移行期」と考えることができます。ヒトは一生発達する存在であり、発達に伴い様々なことが変化していきます。思春期は人生の他の時期に比べても、非常にドラマチックな変化が一度に起きる時期です。この変化は生物学的側面、心理学的側面、社会的側面に現れます。

　生物学的変化とは、身長や体重など体の変化を指します。思春期には身長や体重が大きく増加しますが、内臓にも変化が起きます。特に重要なのは性ホルモンの分泌が活発になり、これが第二次性徴と呼ばれる変化を体にもたらします。男女とも外性器が発達し陰毛が出現し、男性は声変わりや筋骨格系の発育、女性は乳房の増大や月経が見られるようになります。

　思春期の心理学的変化は、特にものの見方や考え方（認知）に現れます。自分自身を客観的に捉えることができるようになり、また周囲で起こる出来事や社会的なこと、未来のことについて批判的に捉えるようになります。内面的な部分（心）が子どもから大人に移行していくのですが、はっきりと階段を上るように変化するわけではなく、じりじりと坂を上るように移行していきます。このじりじり移行する時期は、子どもっぽい考え方と大人的な考え方が混在した状態で幅があり連続した状態、つまり思春期のこころはコドモ・オトナのス

ペクトラム（幅のある連続体）であると言えるでしょう。

　社会的には、この時期に様々なライフイベント（出来事）を経験します。進学や就職、引っ越しや一人暮らしなど、親や先生から分離・独立することで、社会的な立場や身分が変わっていきます。また家庭の外へと人間関係が広がり、深まっていくことで、恋愛や性的なことなども経験します。法律的にも自分の考え（裁量）で決めることができるようになる一方、責任を伴う行動が求められるようになります。これらの変化がほんの数年のうちに 1 人の子どもに起こるので、思春期はいろいろ「忙しい」時期ともいえるでしょう。

　思春期にやるべきこと、解決しなければならないテーマ・課題はずばり「同一性の確立」です。フランスの画家ゴーギャンの作品に「我々はどこから来たか、我々は何者か、我々はどこへ行くのか」という題名の絵があります。この作品名がそのまま思春期のテーマと言えます。様々な変化が起こる中で、自分はいったい何者なのか、それを知るために、自分がいったいどこから来たのかを知り、さらに自分がこれからどうなるのかを考えるということが思春期に取り組むべきことです。変化の中でも変わらない自分を見つけること（連続性）、自分は何ができて何ができないのか（主体性）、自分はどこからどこまでなのか（境界）などを探索し見極めていくこと、これらは「自我」とよばれる心的機能です。思春期は自我が目覚め、発展し、強化されていく時期でもあります。この時期には、精神疾患や心身症の発症も多く見られます。自我機能の脆弱性がうつ病や統合失調症と関連していることが示唆されます。

（2）思春期の諸問題の考え方

　思春期は、精神疾患の発症がピークになる時期です。この時期には統合失調症やうつ病などの気分の問題、不安症などが発症しやすい時期です。精神的な不調がある場合、それが脳や自律神経の問題など、生物学的要因から発生しているものなのかどうかは、医療的な視点から検討する必要があります。

　精神疾患に限らず、様々な行動面・心理面の問題も思春期に表面化することがあります。これらの問題は実は思春期に突然現れるものではありません。子どもの心理的な問題や行動面の問題は、常に発達やライフステージという軸の上で考える必要があります。人はある日突然思春期になるわけではありませ

ん。ライフステージには胎児期があり、新生児期、乳児期、幼児期、学童期と順番に経過していき、思春期に至ります。この経過の順番は決して入れ替わることはなく、また飛び越えることもない、連続したものです。思春期・青年期に発生する問題は、そのときに急に始まるものではなく、その背景（「根っこ」のようなもの）は思春期以前からすでに始まっていると考えられます。思春期の問題は、多くはそれ以前の問題の積み残し、あるいは見えていなかった問題の露呈（顕在化）ということです。これは思春期の次の青年期にもあてはまります。

　もう一つ忘れてはいけないことは、これらの問題は常に子どもとその周りの環境との相互作用で発生しているということです。ここでいう環境は、物理化学的・生物学的環境だけでなく、心理社会的環境も含めます。もちろん私たち「オトナ」も子どもにとっては環境の一部分です。思春期の様々な問題を理解し対応を考える上で、「発達」という軸と「環境との相互作用」という視点を常にもつことが大切です。

2 ▪ 知的障害のある人の思春期

（1）知的障害とは

　知的障害とは知的機能の全般的な低下があり、知能指数（IQ）でいうと概ね70未満であり、かつ同時に適応スキルの習得・発揮および適応行動に問題がある状態を指します。適応スキルには、概念的スキル、社会的スキル、実践的スキルがあります。概念的スキルとは、ことばの理解や使用・文字の読み書き・計算などで、学習にも関連するスキルです。社会的スキルは、社会でうまくやっていくためのスキルで対人関係の構築や維持、約束や規則を守ることなどが挙げられます。実践的スキルとはいわゆる日常生活動作（Activities of Daily Living: ADL）のことで、食事・衣服着脱・排泄・清潔行動などの日常生活活動や、買い物、危険回避などが含まれます。「障害」とは状態像ですので、単にIQが低いだけでは知的障害とは呼びませんのでご注意ください。なお、医療的には近年知的障害を「知的発達症」と呼ぶようになりつつあります。

（2）知的障害の基礎疾患

　基礎疾患とは、知的障害を引き起こしている（原因になっている）疾患を指します。知的障害の原因として明らかな中枢神経系の疾患がある場合を病理群と呼びます。病理群の知的障害は IQ が低く、障害の度合いも重度の場合が多いです。基礎疾患の治療が可能であれば医学的な治療が優先されます。

　知的障害の基礎疾患は様々なものがあります。

　表 2-1 は、比較的頻度が高く臨床的に出会う可能性の高い、知的障害の原因となる染色体異常症候群についてまとめたものです。知的障害の度合いは様々ですが、疾患によって行動面の特徴があります。

　Down 症候群（ダウン症）は、染色体の異常によるもので 21 トリソミーとも呼ばれます。つり上がった目（眼裂斜上）、平坦な鼻根部（鞍鼻）など特徴的な顔貌と、先天性心疾患や消化管の閉鎖など身体的な合併症が見られる疾患です。乳幼児期の身体的合併症を乗り切れば生命予後は比較的よく、平均寿命は 65 歳程度と言われています。知的障害のレベルは軽度から重度までありますが、性格的には人懐っこく従順で社会的コミュニケーションは比較的良好である特徴があります。思春期・青年期には精神的退行（赤ちゃん返り）や、うつ・不安が顕在化することがあります。また成人期には認知症（アルツハイマー病）が発症することもあります。5 ～ 10 ％はてんかんを発症するとされています。

　Prader-Willi（プラダー・ウィリ）症候群は尖った唇やアーモンド型の眼裂な

表 2-1　代表的な染色体異常とその特徴

疾患名	行動面の特徴
Down 症候群	社会的コミュニケーションは比較的良好
Prader-Willi 症候群	過剰な食欲と食べ物に対するこだわり、過眠、運動発達の遅れ、会話困難、皮膚むしり
Williams 症候群	表出言語は比較的保たれ社交性高い、友好的だが不安が強い
脆弱 X 症候群	ADHD、自閉スペクトラム症と共通する特徴
Smith-Magnis 症候群	自傷行為、破壊・攻撃的な行動、睡眠障害、多動
Angelman 症候群	発語なし、突発的な発作性の笑い

ど顔貌の特徴とともに筋緊張の低下や運動発達の遅れが見られる知的障害です。知的レベルは軽度から境界域の例が多く見られます。行動面の特徴としては、食物への執着が強く、過食や肥満につながることがあります。食べ物への強迫的なこだわりから強度行動障害（後述）にいたる例も見られます。

　Williams（ウイリアムズ）症候群は、「妖精様顔貌」と呼ばれる特徴的な顔貌（広い前額部、太いまゆ、平坦な鼻根部、長い人中、分厚い唇など）が見られる染色体異常症候群で、先天性心疾患を合併します。知的障害レベルは中等度から境界レベルが見られ、言語獲得は遅れるものの表面的には社交性が高く表出言語も比較的多く見られるのが特徴です。社交的な反面、不安や緊張が強いことがあります。

　脆弱X症候群も特徴的な顔貌で、長い顔、大きな耳、突出した前額部が見られます。知的障害は中等度から重度が典型的ですが、軽度の場合もあります。行動面では、多動や衝動性、こだわり行動など注意欠如・多動症（ADHD）や自閉スペクトラム症（自閉症）と共通する特徴が見られます。

　Smith-Magnis（スミス・マグニス）症候群は、重度の知的障害の例が多く、暴力的・破壊的な行動をとることが特徴とされています。扁平な顔で顔の中心部分の発育不全や短頭が見られます。自傷行動や多動、睡眠障害も特徴的に見られます。

　Angelman（アンジェルマン）症候群は重度から最重度の知的障害で、突発的な「笑い発作」を特徴とします。

　その他の知的障害の基礎疾患として、代謝異常（フェニルケトン尿症など）、遺伝性疾患（結節性硬化症など）、中毒（胎児性アルコール症候群）、母体疾患（糖尿病、子癇、母体の感染症など）、多因子性疾患（脳性麻痺、てんかん性脳症など）が挙げられます。生後（周産期・新生児期以降）の疾患としては、仮死、低酸素状態、低出生体重（未熟性）にともなう合併症、内分泌疾患（甲状腺機能低下症）、外傷（中枢神経へのダメージ）、種々の中毒性物質への暴露（鉛中毒）、感染症（髄膜炎、脳炎）などがあります。

　一方、知的障害には明らかな基礎疾患が認められない場合もあります。基礎疾患のない知的障害を生理群と呼びます。生理群の知的障害は比較的IQが高めで、圧倒的に頻度が高く、知的障害全体の8割近くを占めています。生理群

の知的障害は、環境からの影響を受けやすく、適応行動の問題をきたしやすいとされています。また、IQ 70 以上 85 未満のケースは「境界知能」と呼ばれます。境界知能は厳密には知的障害ではありませんが、適応上の問題が起こりやすいため、知的障害と同様に支援が必要となります。

（3）知的障害の併存症

　生理群の知的障害・境界知能は、「併存症」として他の疾患・症候群に併存することがあります。併存症とは、異なる複数の疾患・症候群が同時に存在している場合を指します。「合併症」と混同されやすいのですが、合併症とはいわゆる二次的な障害、すなわち、知的障害があることによって発生する知的障害以外の（知的障害がなければ発生しなかったであろう）疾患が「合併症」です。知的障害に併存する疾患として代表的なものは発達障害（神経発達症）やてんかんです。

　発達障害（神経発達症）の代表に自閉スペクトラム症（自閉症）が挙げられます。自閉スペクトラム症は、「コミュニケーション行動の未熟性」と「興味・関心の限定、こだわり行動」によって特徴づけられる症候群で、併存する知的障害は軽度から重度までの幅があります。通常は始語の遅れなど言語発達の問題から幼児期に気づかれることが多く、早期からの療育訓練によって社会的適応状態の改善が期待できます。一方、思春期にさまざまな問題をきたす自閉スペクトラム症ケースは、知的障害がないか軽度の場合が多く見られます。ことばの遅れが見られない場合は療育につながりにくく、集団での不適応が目立たないと適切な支援が受けられないまま思春期を迎えることになります。思春期は、特に学校生活や社会的な場面で高度のコミュニケーション能力が求められることが多いため、不適応をきたして初めて自閉スペクトラム症であることに気づかれる例も見られます。

　注意欠如・多動症（以下 ADHD）も神経発達症として知的障害に併存することがあります。ADHD は「不注意」と「多動・衝動性」を行動面の特徴とする症候群です。厳密には疾患としての ADHD と知的障害は区別する必要がありますが、ADHD の特徴が軽度の知的障害に見られることは少なくありません。また、自閉スペクトラム症にも ADHD の特徴が見られる場合もあります

ので、これらの神経発達症の特性は様々な濃淡度合いをもって1人のケースに同時に存在しています。

　発達性協調運動症も神経発達症の1つと考えられています。これは自閉スペクトラム症やADHDのような認知機能の偏りを特徴とするものではなく、運動発達機能の未熟性や偏りのある例をさします。手先が不器用、スキップやなわとびや鉄棒などができない、バランスが悪く自転車に乗れないなどの特徴が見られます。知的障害だけでなく、自閉スペクトラム症やADHDに併存することも多い病態です。感覚統合訓練などの作業療法が有効な場合があります。発達性協調運動症のある子どもは小学校の体育でつまずいて、教師から必要以上の叱責を受けたりクラスメートからからかわれたり、いじめのターゲットになることもあります。これらの体験が思春期の二次的な精神面・行動面の問題（合併症）につながることがありますので注意が必要です。

　てんかんも知的障害に併存することが多い疾患です。てんかんとは、突然意識を失ったり全身のけいれんを引き起こしたりする「てんかん発作」を繰り返す病態です。てんかん発作は脳細胞の異常な電気的活動によって引き起こされるもので、通常発作そのものは一過性で数秒〜数分でおさまり、発作がないときは通常の生活を送ることができます。てんかんの治療は、薬物療法が中心です。基礎疾患のある知的障害の場合てんかんも併存することが多いですが、基礎疾患の治療と適切な薬物療法により、通常の学校生活や発達を期待できる場合もあります。

（4）知的障害のある人の思春期の諸問題の考え方

　思春期（青年期）の問題は、それ以前からあった未解決問題の積み残し、あるいはその顕在化です。そしてそれらの多くは環境との相互作用で発生しています。したがって、アセスメントの際は、「発達」軸と「環境」軸およびそれらの関係性の視点をもつことが重要です。ヒトの体は食べたものから作られますが、人のこころや行動は、それまで体験したことによって形成されると考えても良いでしょう。現在発生している問題そのものではなく、問題となっていることの成り立ちを発達と環境との相互作用から分析していくことが必要です。

　子どもの発達や情緒面・行動面に影響を与える要因として、「小児期の逆境的な体験（Adverse Childhood Experiences、以下 ACE）が知られています（山崎・野村，2019）。ACE を経験した子どもは成長後に精神面や行動面の問題だけでなく、高血圧や糖尿病などの生活習慣病の発生リスクがあるとされています。また、経験した ACE の数が多いほどリスクが高まるという累積効果も知られています。ACE は大きく虐待と家族の要因に分けられています（表 2-2）。

　特に近年注目されているのは、心理的虐待・心理的ネグレクトです。心理的虐待は、子どもに対する暴言、蔑み、からかいの他、必要以上の叱責、否定するようなことば掛けなどが含まれます。心理的ネグレクトは子どもの心理的なニーズ（褒めてほしい、なぐさめてほしい、やさしくしてほしい）に応じた行動をとらない、無視することなどです。子どもの面前での暴力行為（面前 DV）も心理的虐待に含まれ、近年では増加傾向が著しい虐待種別にあたります（厚生労働省，2021）。また、支援が必要な子どもに支援をしないこと（合理的配慮をしないこと）も子どもにとっては逆境的な体験になります。

表 2-2　小児期の逆境的体験（ACE）の分類

ACE	内　容
身体的虐待	子どもへの身体的暴力行為
心理的虐待	子どもへの暴言、蔑み、冷やかし、必要以上の叱責など、子どもの面前で暴力をふるうこと
性的虐待	子どもを対象とした性行為、性的いたずら、性的嫌がらせ、性的搾取など
身体的ネグレクト	慰めや賞賛・被保護などの子どもの心理的な欲求に対する不応・無視
心理的ネグレクト	遺棄や放置、育児放棄、衣食住等の子どもの身体的な欲求に対する不応・無視
家庭内暴力	家庭内の暴力行為・夫婦間暴力、同胞間の暴力など
家族の薬物問題	同居している家族による違法薬物の乱用・依存
家族の精神疾患	同居している家族の精神疾患（アルコール依存を含む）
両親の別居・離婚	両親または保護者の別居・離婚
家族の犯罪傾向	同居している家族による非行・犯罪行為、収監経験など

　これらの経験は、子どものこころに傷となって残る（トラウマ化）ことがあります。逆境を乗り越える力・しなやかさをレジリエンスと呼びますが、知的障害のある子どもはレジリエンスも十分でないことが多く、トラウマ化しやすいと考えられます。思春期（青年期）の知的障害の問題は、トラウマの視点をもつことも重要です。

　知的障害のある人は、その知的機能の問題から身の回りで起こる出来事や経験したこと、さらには自分の体や内面的な部分で起きていることについて知り、理解することは困難です（自己モニタリングの困難）。その一方で知的障害の有無によって思春期に経験することが異なることはありません。知的障害があっても思春期・青年期は一般の人たちと同様のプロセスがあり、上述したような思春期の様々な変化も同じように体験します。体験したことを理解できないのではなく、自分のもつ知的機能あるいは認知能力を活用することによって自分なりに理解しようとしています。したがって、アセスメントにおいて重要なことは、知的障害のある人が体験していること、あるいは内面的な部分で起きていることを、その人の知的機能や認知機能と照らし合わせながら、アセスメントする側の人間が知り、理解することです。

　自分の体験、あるいは感情を「話すこと」「語ること」は自らの内面的な部分での体験を整理するきっかけになり、「聞いてもらうこと」によってその体験および体験から誘発される感情・気分を他人と共有することができます。心理療法的な関わりは、多くの場合この「話す・語ること」と「聴く・共感すること」で成り立っています。言語的な交流によって内面的な部分に変化をもたらす、あるいは変化が起こることを期待することが心理学的・精神医学的なアプローチの重要な部分を占めています。知的障害の多くはこの言語的な能力が十分でないために、自分の体験や内面・精神的な不調を語ることがうまくできないことが多いと考えられます（メンタライジングの困難）。思春期に多く見られる不安やうつ気分、葛藤や両価性、不満などを言語化できないときに、それらは「行動面の変化」によって表現されます。場合によっては「問題行動」とされてしまうような現れ方をすることもあります。知的障害のある人の思春期の精神面の不調は、この「問題行動」として現れることがほとんどです。行動面の変化が、どのような成り立ちをしているのかを先に述べた発達軸と環境と

の相互作用という視点から読み取ることがアセスメントでは肝要であり、この
アセスメントを踏まえることで心理療法・精神療法的なアプローチの土台が形
成できるのです。

3 ■ 思春期（青年期）の知的障害の合併症・精神疾患・行動面の問題

（1）いわゆる「強度行動障害」

　強度行動障害とは、「自分の体を叩いたり食べられないものを口に入れる、
危険につながる飛び出しなど本人の健康を損ねる行動、他人を叩いたり物を壊
す、大泣きが何時間も続くなどの周囲の人のくらしに影響を及ぼす行動が著し
く高い頻度で起こるため、特別に配慮された支援が必要になっている状態」と
されています（国立リハビリテーションセンター，2019）。医学的診断名ではな
く、行政や福祉の領域で用いられる用語で、状態像を指しています。

　強度行動障害の示す状態像は、暴力的・破壊的な行動や感情の暴発、自傷・
他害行動などが共通する特徴ですが、その背景にあるものはケースによって
様々です。

　強度行動障害は、一般的には幼少期からの経験が「誤学習」された結果と捉
えることができます。誤学習とは、例えばストレッサー（後述）が加わったり
不安や緊張が高まったりしたときに、適切な対処行動ではなく誤った行動でそ
れを解消することを学習してしまうことです。不適切な対処行動がたまたまう
まくいってしまうと、同じような状況に置かれたときに同じような行動をとる
ことで同様の効果を期待するようになります。本来取るべき適切な行動パター
ンではなく誤った行動パターンを身につけてしまうことが誤学習です。

　また、トラウマ体験にともなう解離やフラッシュバック症状（自閉スペクト
ラム症のある人の「タイムスリップ現象」）が関係している場合がありますので注
意が必要です。

（2）適応障害

　適応障害とは、様々な環境ストレスにうまく心身をあわせることができないために引き起こされる障害です。ストレス（ストレス状態）とは、ストレスを引き起こす要因（ストレッサー）とそれに対処する行動・個人の対応力のバランスが崩れた状態を指します。地震や台風などの自然災害、あるいはいじめや虐待といった体験のみならず、日常的に経験する様々な出来事もストレスになります。

　適応障害は、ストレス性の出来事が発生してから 1 か月以内に発症することが多く、ストレス状態が終結してから 6 か月以上することはないとされています。精神面の症状として、抑うつ気分、不安、怒り、焦燥（いらいら感）があります。行動面ではアルコールの乱用、過度の飲酒、暴飲暴食、無断欠席・不登校、ケンカ、無謀な運転、退行などが見られ、身体症状としてはめまい、立ちくらみ、発汗、手の震えなどの自律神経症状が見られます。何らかの身体機能異常があり、ストレスがその発症や経過に影響を及ぼしている病態を心身症と呼びます。

　自分で処理しきれないほどの強いストレスは、急性ストレス障害や心的外傷後ストレス障害（post-traumatic stress disorder、以下 PTSD）を引き起こすことがあります。トラウマは、災害や大事故など自分の生命が脅かされたり無力感を感じたりするほどの強大なストレスによって引き起こされるのが一般的ですが、ストレスに対する感受性は個人差が大きく、特に知的障害や神経発達症のある場合は、「そんなことで」と思われるほどの些細な体験も容易にトラウマ化することがありますので、注意が必要です。

　PTSD の症状には、フラッシュバック現象、解離、回避、不眠・悪夢などが見られます。フラッシュバック現象とは、トラウマ体験の記憶が突然蘇ることであたかもその体験を再体験しているような状態になります。単に記憶が蘇るだけでなく、トラウマ体験をしたときに見えていたことや聞こえた音、肌の感覚なども体験されてしまうものです。解離は自分が自分でなくなってしまうような、周囲の世界と自分の関係がなくなってしまうような体験です。これらの症状は突発的に脈絡なく発生するために、突発的な興奮や暴力・破壊行為とし

て現れることがあり、強度行動障害と捉えられてしまうこともあります。自閉スペクトラム症を併存する知的障害の場合にしばしば見られますので、トラウマの視点は行動を理解する上で重要なポイントになります。

（3）非行

　非行や犯罪行為は思春期・青年期の知的障害のある人の重要な合併症（二次的な問題）の 1 つです。知的障害そのものが非行や犯罪を引き起こすのではなく、多くは障害のある状態像に対して周囲の教育的・福祉的環境が十分に対応できなかった、あるいは誤った対応をしていたことによって引き起こされます。親や周囲の人が子どもの障害に気づかず、その特徴を的確に理解しないまま不適切な関わりや養育を続けると子どもが問題を起こすことがあり、その 1 つに非行があるとされています。あくまで障害そのものが犯罪性や非行性を高める直接の要因になることはありません。障害がただちに非行に結びつくものではなく、周囲の無理解に加えいじめや虐待などが複雑に絡まり合って非行が起きると指摘されています。

　知的障害のある人の非行・犯罪は、窃盗や強盗、暴力などの粗暴犯が多いとされます。自閉スペクトラム症を併存していて知的障害が軽度の場合には、計画的な行為である場合や、性的逸脱行動の場合もあります。

　非行は、知的障害のある人にとって何かの目的を達成するための手段としての意味をもつことがあります。葛藤状態あるいは言語的な方法で解決できない欲求不満の解消の手段であったり、保護者や友人からの注目を獲得・集団帰属意識の獲得の手段であったりします。いじめや虐待にあったことに対する自分なりの報復の手段と考えている場合もあります。行為そのもののみならず、行為の意味や成り立ちを読み取ることが対応と再発防止を図る上で大切です。

（4）性的な問題行動

　思春期は、第二次性徴の発来とともに異性に対する関心が高まる時期でもあります。一方で、性的な関係を作ることや維持することには非常に高度なコミュニケーション能力が求められるため、知的障害のある場合には様々な困難が生じる可能性があります。異性に興味をもち恋愛感情を抱くことは知的障害

の有無にかかわらず自然な経過で見られることですが、身体的・性的な関係に一足飛びに進むと問題行動につながることがあります。このような場合は、適切な指導やスーパービジョンが必要で、いわゆる性教育が重要であるといえます。知的障害のある人への性教育は、知見が積み重ねられている途上であって、どのようにすることが正しい・有用であるかの検討は今後も必要です。性的な問題行動については予防的な対応が重要で、基本的には個別の対応ということになります。教育的な関わりのない状態・段階で、不用意に異性に接近・接触することは避けたほうがよいでしょう。性的な行動や接触も誤学習されやすいので、「やってはいけないこと」を明確にすること、正しい行動を学習させ、徹底すること、折に触れて振り返りをさせることが必要です。性的な行動については具体的な場に応じた対応を一緒に考え、「是は是、非は非」の対応をしていくことです。一方で、知的障害のある人の恋愛や性的な関係を全て問題行動と捉えることは行き過ぎです。思春期の知的障害のある人の恋愛や性に関する相談を受けつつ、適切な情報提供を行い、豊かな生活に向けて支援していくことも大切です。

（5）思春期に発症することが多い精神疾患

　思春期は精神疾患が発症のピークを迎える時期です。この時期に認められる代表的な精神疾患としては、統合失調症、うつ病などの気分障害、摂食障害などが挙げられます。

　統合失調症とは、幻覚と妄想を中心とする脳の機能障害です。内面的な部分での体験や考えが統合されにくい、まとまりにくくなってしまい、気分や行動、対人関係に問題が発生します。幻覚とは「実際には存在しないものを知覚してしまうこと」で、統合失調症では「幻聴」が特徴的です。また、健康な人にあるはずのものがない症状を陰性症状と呼びます。陰性症状には、感情の平板化、意欲の減退などが含まれます。

　何かを見聞きしたり体験したりしたときに内面的な部分に生じる心象を「感情」と呼びます。感情の持続した状態が「気分」です。気分の障害とは、抑うつや躁状態など極端な気分が一定期間持続することで社会生活に不適応をきたす状態です。うつ病、躁うつ病（双極性障害）がその代表です。双極性障害の

躁病エピソードは、強度行動障害と同様の行動が見られることがあります。

　摂食障害は、何らかのストレス状況を食行動で表したり解消しようとしたりすることがきっかけとなって発症することがあります。拒食や過食・嘔吐などが見られ、極端なやせなど身体的な徴候が見られることもあります。

　思春期（青年期）の精神疾患への対応は医療機関との連携が必須です。薬物療法が選択される場合もありますので、これらの症状・徴候が見られるときは早期に医療機関に相談することが推奨されます。

4 ■ 治療・対応とケア

（1）多職種連携・心理療法的アプローチ

　知的障害のある思春期・青年期の人に対する心理的アプローチは、1つの機関や1人の支援者で完結することはほとんどありません。様々な職種の支援者がそれぞれの立場や場所で支援を行うこと、さらに連携していくことが大切です。対応にあたる職種は、大きく保健・医療、教育、福祉の領域に分かれます。これらの領域の専門職と、当事者とその家族・保護者が情報を共有し役割分担することが連携の基本です。心理専門職は全ての領域において専門的な知識をもって支援をする役割と同時に、これらの領域間の連絡調整を行い、支援の内容コーディネートする役割も担う場合があります。心理職は知的障害のある人の行動や心理に関するアセスメントを実施し、当該の人の行動や心理について他の職種の人たちが理解を深めるための情報を提供するという役割もあります。

　知的障害のある人の支援は生涯にわたります。知的障害は消失することはなく、持続かつ変化し続ける状態です。したがって、人生の全ての時期と場面を想定してそのときそのときにマッチした支援を行う必要があります。乳幼児期から学童期を経て思春期・青年期まで長期的・縦断的な視点から支援を構築することになります。そのためにも多職種の連携が重要です。

　軽度や中等度の知的障害のある人には、この後の章で紹介されるような心理療法やカウンセリングが可能ですが、重度や最重度の知的障害のある人は言語

能力が十分でないため、言語的な交流によるいわゆる心理カウンセリングを行うことは現実的ではないかもしれません。その場合は、芸術療法や遊戯療法のような非言語的な手段による心理療法的なアプローチが求められます。現在では、知的障害のある人への心理療法やカウンセリングが国内外で検討されていますが、いまだ確固たる内容が提示されているわけではありませんので、これまでの経験を基盤としながらも柔軟に対応していくことが大切です。

（2）保護者支援・支援者支援

　心理療法的な支援は保護者や支援者に対しても行う必要があります。特に保護者は当事者にとって最も身近な支援者であり、専門職にとっても重要な連携の相手先です。

　障害のある人の保護者は、様々な不安やストレス状態に置かれています。問題となる行動・症状だけでなく、将来への不安や夫婦関係や家族外の人間関係の状況、さらに保護者本人の自己実現の阻害や精神状態などについても目を向ける必要があります。

　治療的なはたらきかけや療育は、施設の中だけ・治療者との間だけで行うものではありません。当事者の生活全般に応用していくことが大切です。そのための家族の支援は重要な意味をもちます。家族と専門家は互いにパートナーであり、互いに成長していくことが大切です。日々の保護者・支援者の苦労をねぎらい、共感し支えていくこと、当事者に関するアセスメント結果のフィードバックはもちろん、日常的な問題への対応アイデアを伝え支援者の伴走者となることが心理療法的なアプローチの重要な側面を形成します。包括的な視点をもち、ジェネラリスト（なんでも屋）としての役割を担うことが心理専門職に求められます。

（3）構造化

　構造化とは、自閉スペクトラム症の療育方法として知られている TEACCH プログラムで取り入れられている考え方です。自閉スペクトラム症のある人の比較的得意とする視覚的な情報処理を用いた環境づくりが中心となるもので、簡単にいうと「そのとき、その場所で、何をすればいいかが目で見てわかる」

環境になるようにすることです。視覚的手がかりは、自閉スペクトラム症や知的障害だけでなくそれらの発達の問題がない人にとっても有用な方法で、既に道路標識や駅の案内などに取り入れられており、私たちもその恩恵に預かっています。

TEACCH プログラムは、自閉スペクトラム症を治療する・特性を修正する方法ではありません。苦手とすることを訓練によって改善するのではなく、むしろ特性をうまく生かし、得意とすることを伸ばすという考え方をするのが特徴です。そのために、子どもの認知特性や行動面の特徴などをしっかりアセスメントすることが求められます。アセスメントに基づき、特性のある子どもが特性のあるまま上手に行動・生活・参加できる環境づくりを目指します。

構造化による支援はその人優れた点・得意とすることを伸ばすために、弱点を正しく受け止め、当事者と家族のニーズを知り、対応・介入の優先度の高いことから取り組む必要があります。アセスメントでは、当事者が何に困っているのか、行動しやすくするために何が必要かを、当事者の体験している世界を想像しながら評価していきます。

自閉スペクトラム症をともなう知的障害の場合、感覚の過敏性やタイムスリップ現象などの特徴的な体験世界があるために注意が必要です。タイムスリップ現象は、「時間の横滑り」のような現象で PTSD に見られるフラッシュバック現象とほぼ同じ現象です。過去にあった嫌な体験・トラウマ体験を再体験することですが、強度行動障害と捉えられるような、突発的な興奮や暴力行為がタイムスリップ現象によって発生することがあります。タイムスリップは単に記憶が蘇るだけでなく、そのときの感覚刺激も再生されます。タイムスリップを誘発する刺激として視覚刺激が関係していることがあります。

自閉スペクトラム症には感覚の過敏性が存在することが多いとされています。感覚の過敏性とは、あらゆる感覚が通常よりも反応閾値が低い状態で、微弱な刺激も強烈な感覚として体験されます。私たちにとって心地よいと感じる刺激も、自閉スペクトラム症を併存する場合は不快な刺激になります。構造化で使用する視覚刺激はできるだけシンプルで過剰な強調をしないこと、場合によってはパーティションなどを用いて視覚を遮り統制することも必要です。感覚過敏は視覚だけではなく聴覚・触覚・嗅覚にも見られますのでこれらの環境

刺激についても配慮する必要があります。ADHD を併存する場合も、環境からの刺激によって多動や衝動性が誘発されることがありますので、過剰な刺激をさけ環境を統制することが有用な場合があります。

（4）応用行動分析学（Applied Behavior Analysis: ABA）

応用行動分析学では、行動は環境との相互作用によって発生・維持・強化されるという考え方からその分析を行います。応用行動分析学も障害特性を「治す・修正する」ための治療ではありません。行動についてのアセスメントを元に、環境に働きかけることでよりよい行動を増やし、問題となる行動を減少させることを目指します。

応用行動分析学では、特定の行動について、「その行動の前に何があったか（先行条件、Antecedent）」「どのような行動か（行動、Behavior）」「その行動の後に何があったか（結果条件、Consequence）」という枠組みで記録・評価・分析を行います（ABC 分析）。問題となる行動のきっかけや引き金になる出来事を把握し、その行動の結果何が起きているのか、その行動をとることによって子どもが実際に何を得ているのかなどを観察し、行動を機能的に整理することができるのが ABC 分析です。特に、その行動のきっかけよりも、その行動を繰り返させている要因（強化子）を明らかにすることが介入のポイントとして必要です。

行動には様々な意味（機能）があります。例えば、頭を叩いたり壁にぶつけたりする「自傷」行動が知的障害のある人にはしばしば認められますが、同じ自傷でもそれぞれ機能が違うことがわかっています。例えば、何らかの「活動や物の要求」の機能をもつ場合や、こちらを見てほしい、かまってほしい、大事にされたいなどの「注目獲得」の機能をもつ場合や、ここから逃げ出したいという「嫌悪状況からの回避・逃避」機能、耐えられない感覚を痛み感覚に置き換えてしまおうという「感覚刺激によるフィードバック」機能として自傷行動が発生し、維持されている場合があります。これらの行動の機能から、子どもの自己欲求を満たし、発達を保証する支援や適切なコミュニケーション支援（機能的コミュニケーション訓練）を考えることができます。

（5）薬物療法

　薬物療法は、知的障害そのものではなく、基礎疾患や併存する疾患・合併症に対して、あくまでも症状を緩和するための治療（対症療法）として行われます。表 2-3 は、知的障害の併存症・合併症に使用されることがある薬物の例を示したものです。

　併存症の中で薬物療法の効果が期待されるのは、てんかんです。てんかん発作には様々な発作型があり、それにあわせて選択される薬物も多様ですので専門医による診断治療が必要です。一般的には定期的な内服治療が行われると同時に発作を頓挫させるための治療についても指示があります。脳波検査など一連のプロセスを経て薬物の血中濃度を測定しながら薬物量の増減が行われますので、個人の判断ではなく主治医の指示に従って治療を行うことが大切です。

　抗てんかん薬の一部（バルプロ酸、テグレトール）には感情調節作用があると言われており、双極性障害の易怒性（怒りっぽい・いらいらしやすい）に対して

表 2-3　知的障害の併存症・合併症に使用される薬物

薬物の種類	代表的な薬物（商品名）	注意点
抗てんかん薬	バルプロ酸（デパケンなど） カルバマゼピン（テグレトールなど） レベチラセタム（イーケプラ） ラモトリギン（ラミクタール）	発作型に合わせて使用 感情調節薬として使用されることもある
睡眠薬	ゾルピテム（マイスリー） ラメルテオン（ロゼレム） メラトニン（メラトベル） スポレキサント（ベルソムラ）	漫然と使用しない
向精神病薬	リスペリドン（リスパダール） アリピプラゾール（エビリファイ）	自閉スペクトラム症が併存する場合の易刺激性に適用
抗うつ薬	フルボキサミン（ルボックスなど） ボルチオキセチン（トリンテックス）	思春期例では自殺企図や自傷につながる可能性
その他	アトモキセチン（ストラテラ） 塩酸グアンファシン（インチュニブ） メチルフェニデート（コンサータ） リスデキサンフェタミン（ビバンセ）	ADHD の治療薬

使用されることがあります。

　睡眠障害に対しても薬物療法が行われることがあります。従来用いられていたのはベンゾジアゼピン系のいわゆる睡眠導入剤でしたが、作用時間（血中の薬物濃度が治療域にある時間）の長さによっては、日中の眠気やふらつきが残る場合もありました。近年睡眠障害に対して使用される薬物は、非ベンゾジアゼピン系の薬物（ゾルピデムなど）が中心になり、それに加えて、比較的副作用の少ないメラトニン（メラトベル）、メラトニン作動薬（ロゼレム）、覚醒系の抑制薬（ベルソムラ）などの選択肢があります。

　自閉スペクトラム症を併存する知的障害の易刺激性に対して、一部の向精神病薬が用いられることもあります。感覚の過敏性が著しく強度行動障害の要因になっている場合に、リスペリドンやアリピプラゾールが選択されます。

（6）対応・ケアのコツ

　医療的ケアとは単に薬物療法や精神医学的治療を指すのではなく、広い意味であらゆる対応や関わり、すなわち「ケア」の中に医療も一部分として存在すると考えた方がよいでしょう。

　知的障害は、知的障害としてひとくくりにできないことが特徴です。同じ診断名・障害名でも特性やニーズは大きく異なり個別性が強いので、実際の対応・介入にはケースバイケースで試行錯誤しながら検討していくことになります。特に行動面の問題に介入・対応するためには、いくつかのコツがあります。鍵となるのは「臨機応変」に「試行錯誤」する行動と「ネバーギブアップ」の精神です。

　行動面の問題には必ず「ストーリー」があります。そのときその場所で何が起きているのかということだけではなく、その行動の背景にはその人の幼児期・学童期の体験、環境、人間関係全てが表現されているということです。そのストーリーを読み取ることが対応の第一歩です。

　行動面の問題に対する対応には、「足し算」と「引き算」の部分があります。「足し算」の部分は、具体的に「より好ましい代わりの行動」を教えることです。行動に対して、ダメなことはダメと伝えることも大切ですが、そこにとどまらずに「どうすればいいのか」を具体的に学習してもらうチャンスと捉

え、新しい行動パターンを当事者が身につけられるような働きかけが重要です。

「引き算」の部分は、今よりも行動を悪化させるような対応を避けるということです。対応してみてうまくいかないことを早めにあきらめて柔軟に（臨機応変）様々な介入・関わりをトライしてみること、その中でたまたまでもうまくいったことを繰り返してみる（試行錯誤）ということもコツと言えるでしょう。うまくいかないことには、「次はうまくいく」ためのヒントが隠れています。失敗は「再発防止策」を講じるために役にたちます。失敗を分析し、同じ失敗を繰り返さないようにするためにはどうすればいいのかを考えること、失敗を繰り返すことがよりよい対応につながるので、支援をあきらめないこと（ネバーギブアップ）も大切です。

問題行動への対応で求められるのは、対応する人・治療者・支援者が「柔軟性」や「創造性」を発揮することです。対応のアイデアは多いほうがよいので、多職種に加えて保護者とも連携することの重要性は、知的障害のある人のケアにおいて繰り返し強調されるべきです。

引用文献

国立リハビリテーションセンター（2019）強度行動障害支援者研修資料. http://www.rehab.go.jp/application/files/2216/3062/6998/1__.pdf（最終閲覧日：2022年6月8日）

厚生労働省（2021）令和2年度児童相談所での児童虐待相談対応件数. https://www.mhlw.go.jp/content/000863297.pdf（最終閲覧日：2022年6月8日）

山崎知克・野村師三（2019）逆境的小児期体験が子どものこころの健康に及ぼす影響に関する研究. 厚生労働科学研究費補助金（成育疾患克服等次世代育成総合研究事業）総合研究報告書. https://mhlw-grants.niph.go.jp/system/files/2019/192011/201907005B_upload/201907005B0011.pdf（最終閲覧日：2022年6月8日）

第3章

思春期・青年期の
知的障害のある人への心理相談

竹内 康二

　思春期・青年期の知的障害のある人への心理支援には様々な方法があると思いますが、本書ではメンタルヘルスへの不調に対する支援に焦点を当てているため、本章では面接やカウンセリングによる心理支援、つまり心理相談における留意点を読者と共有します。

　本書の出版のきっかけとなった「知的障害のある人のメンタルヘルス研究会」では、様々な現場の心理支援の専門家から知的障害のある人との面接やカウンセリングについてたくさんの事例が紹介され、会話のコツや技法、陥りがちな課題や注意すべき点について大変素晴らしい知見を蓄積することができました。そうした事例から得られた知見は表3-1に集約することができます。

表 3-1 「知的障害のある人のメンタルヘルス研究会」の検討点

・「心理相談を知らない」問題

・話をするとつい指導をしてしまう問題

・会話に関する工夫

・自立の後の自己実現についてどう考えるのか？

　本章では、上記の点から思春期・青年期の知的障害のある人への心理支援について整理し、要約していきます。支援に携わる関係者やこれから支援を行うことを考えている方の一助となれば幸いです。

1 ■ 心理相談を知らない問題

　心理相談とは何でしょうか。これはなかなかに定義が難しいことばです。心理に関する相談という意ですから、まずは相談とは何かを確認する必要があります。いくつかの辞書の記載を要約すると、相談とは「問題を解決するために、他の人の意見を聞いたり、互いに意見を述べ合ったりすること」になります。つまり、心理相談とは「心理に関する問題を解決するために、他の人の意見を聞いたり、互いに意見を述べ合ったりすること」になります。ここで大事なのは、心理相談においては相談する人と相談される人との間に上下関係はなく、対等に意見を交わすことが想定されているということです。単に質問に対して答えてもらうような、相談者が一方的に助言をもらうやりとりではありません。また、意見を述べ合うことが相談の目的なので、必ずしも問題を解決できるわけではないことも重要です。例えば、相談者が話した悩みに対して、相談された人が感想を述べたり、共感を伝えたりするだけでも心理相談は成立します。心理相談では、相談者が対話の中で自分の考えを整理し、自ら解決法を見つけ出すことを重視するからです。

　しかし、知的障害がある人の中には、そういった心理相談の目的をうまくイメージできない人が多く存在すると思われます。例えば小学生のときに「わからないことがあったら相談しなさい」と学校の先生から言われた場合、この「相談」は質問と同義であり、自分がわからないことを質問して、わかる人に教えてもらうという、情報の上下関係が想定されています。こうした文脈で「相談」ということばを使ってきた人にとって、相談するという行為は自分の知識や理解が不足していることを相手に知らせる行為であり、恥ずかしかったり、悔しかったりで、できれば回避したい行為なのかもしれません。

　そうした誤解をしている人に心理相談の意味を正しく伝えるにはどうしたらよいでしょうか。まずは、心配や不安を感じるのは人として自然なことであり、言語化するのは悪いことではないことを教えていく必要があります。また、自身の苦手や失敗といったネガティブな話題を言語化するのは勇気ある行為であり、適切なことばを選んで人に伝えることは望ましい行為であることを

理解してもらいたいです。

　しかし、そうした理解を得るにはことばによる説明だけでは難しいかもしれません。自分の感情やそれに関する出来事を他人に話してみてよかったとか、聞いてもらうとなんだかすっきりしたという体験が必要です。まずは、自分の好きなことや楽しかった話題を共有することがスムーズになり、対話をすること自体に喜びを感じてもらいます。目的のない何気ない会話でも十分です。そこに、小さな満足感や小さな喜びを得る体験を積み重ねていくことが重要です。

　そして、徐々にポジティブな話題だけではなく、苦手なことや失敗談などのネガティブな話題も対話に組み込んでいき、不安や心配といったネガティブな感情についても言語化できるようにしていきます。大切なのは、質問への回答の内容に対する満足ではなく、対話をすること自体の満足です。

　このことを理解するのに役立つある象徴的なエピソードを紹介します。ある特例子会社の管理的な立場の方が、知的障害のある社員の相談を受けようと思って次のように言いました。「毎週金曜日に、相談時間を設定しますので、決められた時間になったら順番に相談室に来てください。どんなことでも相談していいですよ」。しかし、この取り組みは数か月でやめたそうです。その理由を尋ねた所、知的障害のある社員の方たちは何を相談すればよいのか悩むようになり、金曜までに相談事が思いつかないと金曜に勤務を休むようになってしまったからだそうです。

　このエピソードは重要な教訓を与えてくれます。社員のメンタルヘルスを維持するために良かれと思って設定した心理相談が、逆にストレス因子となって出社を抑制してしまったわけです。支援者は、相談者が心理相談とはどのような活動であるかについてその本質的な意義を十分に理解しているのかを確認することが重要です。そして、理解が曖昧であることが予想されるなら、体験を通して相談の意が理解できるよう相談の進め方を検討する必要があります。

　心理相談は強制され、指示される文脈で行うものではなく、自発的なものであるはずです。そして、上手にやるようなものでもないはずです。心理相談では、単に話したいこと、単に聞いてもらいたいことを、対話の中で気負わずに単に伝えていいのだということを共有しましょう。

2 ■ 話をするとつい指導をしてしまう問題

　知的障害のある人との会話をする際、支援者は模範的な発言（考え）を求めてしまう傾向があるようです。知的障害のある人は複雑な内容の言語理解や表出に苦手さをもっていることが多いため、発達支援の専門性が高い人ほど会話の中で気になる発言があると「その言い方より、○○のような言い方の方がいいよ」など、その場の状況に合った適切な言語表現を教えたくなってしまい、つい指導をしてしまうのだと思います。

　もちろん、指導的な立場の人が教育的な活動の中でそうした対応をするのはとても重要ですし自然な振る舞いと言えますが、心理相談においては必ずしもそうではありません。先述したように、「心理相談においては相談する人と相談される人との間に上下関係はなく、対等に意見を交わすことが想定されて」います。たとえ完全な善意であっても、繰り返しことばの表現を指導されてしまっては何気ない自然な会話をする中で本音が漏れ出るようなやりとりになるでしょうか？　そうしたやりとりの中で、対等に意見を交わすことは難しいのではないでしょうか？　心理相談の際は、言い方を指導する立場とは距離を空けて、どんな言い方であってもそのことばの意図に丁寧に注意を向け、言い方とは切り分けてその意図や感情に対しては受容する態度をもつ必要があります。

　例えば、もし相談時間の半分以上を支援者の発言が占めていたら、言いたいことを言っているのは支援者の方であり、支援者の方が言いたいことを受容してもらっているのかもしれません。相談者の言いたいことを言わせてあげるためには、指導者としての責任や気負いにコントロールされずに、素直な気持ちで相手の話に耳を傾ける姿勢をもちたいものです。

　効率的に、早くたくさんのことを相手から聞き出すことがよい聞き手を意味するわけではないはずです。焦ってはいけません。支援者が効率性を求めると、心理相談のつもりでやっていることが、いつの間にか取り調べのようになってしまう場合があります。受容のつもりで話題を振っていたのに、気が付くと批判、評価、解釈、分類ばかりしていることは「あるある」なのだと思い

ます。この傾向は、支援者としての経験の長さとは関係なく、誰にでも起こりうることだと感じています。むしろ、知的障害のある人との会話に慣れて丁寧に注意を払えなくなったときに落とし穴があります。知的障害の支援を志す人は、役に立ちたいという思いから「自分が解答を与えたい。与えなければならない」という考えをついもってしまうのだと思います。場合によっては、その考えが強迫的な影響力をもち、つい指導のようになってしまいます。支援者はこの強迫的な観念から自由になる必要があります。

　例えば、知的障害のある人が「教員や職場の上司でない人に相談したい」というニーズをもっていることについての事例発表を聞いたことがあります。当たり前と言えば当たり前のことですが、自分のごくプライベートなことや「そんなこと気にしてるの？」と言われそうな些細なことを相談するのに、いくら尊敬している人であっても、むしろ尊敬している人だからこそ話しにくいことはあるでしょう。相談はしたいけど、結論を急いでいるわけでもなく、正解を教えてほしいわけでもないことはあるはずです。「なるほど、へー、そうなんだ」と言ってくれればそれで充分ということもあるはずです。それは、知的障害のある人であろうとなかろうと同じなのだと思います。

　心理面接の入門書として有名な書籍『精神療法の第一歩』（成田，2007）では、面接をする人は「（相談者に対して）性急に秩序を押しつけようとせずに、混沌を混沌のままに担うことが必要である」と述べられています。身に染みることばです。知的障害のある人への対応として、混沌は良くないものであり、混沌をわかりやすく要約して具体的な見通しをもたせることが重要であるという考えが影響力をもっています。しかし、心理相談では必ずしもそうでありません。混沌を批判、評価、解釈、分類せずに、そのままに受容することが求められている可能性を想定すべきなのだと思います。混沌を受け入れるには勇気が必要ですが、相談者も伝えきれない内容を苦手なことばを使って表現するのに勇気が必要だったはずです。心理相談では、支援者も相談者も勇気が必要なようです。勇気ある行為には勇気をもって対応しましょう。

3 ■ 会話に関する工夫

　知的障害のある人の心理相談においては、一般的な質問のやりとりでは会話が上手く進まないこともあります。例えば、相談者が質問した内容について「どうしてそういうことを知りたいのですか？」と質問で返すと、相談者は何かいけないこと聞いてしまったのかと思い、「いえ、何でもないです」と答えてしまうかもしれません。知的障害のある人は、小さいころから注意や叱責の場面で「どうしてそういうことしたの？」と聞かれることが多いです。そのため、「どうして？」という疑問詞で返されたのは、自分がいけないことをしたからだと反射的に解釈してしまうわけです。

　上記のように質問と回答を繰り返すだけの会話では、表現が抑制されたり、思わぬ解釈をされたりする場合があります。こうした状況を打開するために、支援者は会話をスムーズに進めるため様々な工夫のレパートリーをもっているのが望ましいです。例えば、会話の内容を絵にしながら話したり、その日の気分を色にしてもらったり、興奮の強さを温度計で表現してもらったりと、視覚的な情報を活用して心理相談を進める方法があります。音声情報のやりとりだけでは記憶に負荷がかかるため、覚えておくだけで精一杯になり、会話の内容にまで十分な注意を向けることが難しくなります。また、色や温度計といった比喩的な表現は、目に見えない気分や興奮を具体的なイメージに変換してくれます。曖昧な情報を色や数値といった具体的な情報に変換することは、知的障害の人に限らず多くの人にとってわかりやすい表現方法です。

　活動やゲームを通して自然な会話を促す方法もあります。例えば、交換ノートを作って何気ない出来事を書いて見せ合うことで会話の際の話題が増え、普段考えていること知るきっかけにもなります。粘土制作やコラージュ作成（雑誌などの切り抜きを 1 枚の紙の中に貼り付ける）をしながら会話するのもお勧めです。自然に相談者の趣味や興味についての話題になります。緊張がほぐれない相談者の場合は、ボードゲームなどのアナログゲームや体を使うバランスゲームを活用する方法もあります。ゲームは参加者を没頭させ、余計なことを考える間を与えないようにできていることが多いので、緊張をほぐすには

もってこいです。

　また、知的障害のある人との会話では、相談者が繰り返し同じ話題について話すことがあります。自閉スペクトラム症が併存している場合は、その傾向はさらに強くなります。同じ話が何度もループされることにどのように対応するのかは、少し工夫があるとよいです。同じ話であっても相談者は強い動機づけをもって話題を提供し、きらきらとした目でコメントを求めていることを想定する必要があります。聞き手として、同じ話題が何度も繰り返されるとさすがに話の新鮮さがなくなり興味を維持するのが難しくなります。しかし、ここで興味を失い会話を回避するわけにはいきません。相談者にとっては繰り返し話す理由があるはずです。何度でも付き合う覚悟を決めて会話に応じましょう。

　ただし、応じるといっても同じ質問応答のやりとりを繰り返す必要はないと思います。支援者は、話の序盤では「なるほど、そうだよね」などと話題に乗ると良いですが、その後には「まだ聞いてない話もしてほしいな」と言ったりして、自分の意見や考えを伝えて話題の発展を促すのも良いでしょう。お笑いでいう「ノリツッコミ」をイメージするとわかりやすいかもしれません。相手の話に不自然な所があってもすぐに「もう聞いたよ」とツッコむのではなく、「そういうことってあるかもしれませんね」などと序盤は必ず相手の話題に乗ったリアクションを示してから「別の話をしてもいいですか？」「○○の件はどうなったの？」などとツッコみを入れる感じです。相談者が話す話題の中には、何度も繰り返されたものや、共感しにくいものや、倫理的な受け入れがたい話題があるかもしれません。そうした話題に対して、支援者がいきなり自分の意見を言うのではなく、1度は乗って理解したいという意向を示してから、自分の意見を伝えることが大切です。

4 ■ 自立の後の自己実現についてどう考えるのか？

　知的障害児の教育に関わる人は、将来の自立を重要な目標としていると思います。しかし、ある程度の自立的な生活を実現した後についてはどのように考えているでしょうか。当然ですが自立は人生のゴールではありません。その後

にどのような自己実現をしていくのかが重要です。自己実現のためには、自分が何をしたいのかを理解し、仕事や余暇や人間関係を選択し、より自分らしい生き方を目指して努力していくのだと思います。当然、目標をもって努力する中では失敗や逆境があり、落ち込み挫折する体験を乗り越えていく過程もまた必要なことです。しかし、そうした決まった正解があるわけではなく人それぞれの価値観に沿って成される自己実現という概念を知的障害のある人とどのように共有できるでしょうか。さらには成功と挫折、喜びと悲しみといった両価的な体験や感情が共存するものとして人生を捉え、思い通りにいかないことがあるのも自然なことであると受容する態度をどのように共有できるでしょうか。

当然、マニュアルのような手順が存在するわけではありません。しかし、心理療法の研究知見から導き出された次のような概念は自己実現に重要な役割をもっていると考えられます。例えば、肯定的な自己評価に基づいた「自尊感情」（近藤，2016）、逆境からの回復力を意味する「レジリエンス」（小塩ら，2002）、自己否定的な思考にとらわれない心的状態を維持する技法である「マインドフルネス」（前川・越川，2015）、自分を励まし慈しむ態度を表す「セルフコンパッション」（有光ら，2016）などです。こうした概念を手掛かりに、心理相談において自己実現へアプローチしていくのはどうでしょうか。

例えば、自尊感情は自己肯定感と関係の深い概念ですが、単に「自分はすごい」という思考だけを指すわけではありません。「自分はダメな人なんかじゃない」といった自己否定の否定もまた自己肯定の一種です。いつも「自分はダメだ」と自己否定的な考え方をする人との相談で、いきなり「自分はすごい」という自己肯定感をもってもらうのは難しいかもしれませんが、まずは「自分はダメじゃない」という自己否定の否定を促す方が現実的のように思います。

レジリエンスは、東日本大震災の後に大変な逆境に置かれた人たちが精神的に回復している過程を調査する中で重要性が理解され、メンタルヘルスの世界で広まった概念です。強いストレス因で落ち込まないのではなく、落ち込んだ後に回復できることが重要であることや、いままでに落ち込んでも何度も回復してきた実績があることを、心理相談の中で伝えていけるとよいでしょう。

マインドフルネスは、過去の後悔や将来の不安など悲観的なことばかり考え

てしまう状態に対して、今目の前に起きていることや今自分が感じていることに対してもっと目を向けてことばにしていくことを促す概念です。マインドフルネスを体験するエクササイズは書籍などで様々紹介されていて、相談室でも実施できるものが多いので、心理相談とは相性が良いと思います。

　セルフコンパッションは、つい自分に厳しくし過ぎる人にお勧めの概念です。落ち込んだ友だちや家族など大切な人を慰めるときのように、自分にも優しく声をかけてあげることを推奨するのに使われます。例えば、「がっかりしたけど、自分だけがそう思っているわけじゃない。たくさんの人が同じように感じているはずだ。問題はない。大丈夫、なんとかなる」と思って気持ちを切り替えるようなことです。

　こうした概念は、程度をアセスメントするための質問紙が開発されており、理解を促すための体験的なワークも様々提案されているので、自己実現というどこから取りかかってよいか迷ってしまうテーマに対して具体的な活動を開始する助けになると思います。概念の詳細やアセスメントの内容については、引用文献を参照してください。

5 ■ 心理相談で陥りがちな課題と対策のまとめ

　ここまで述べた内容を基に、知的障害のある人への心理相談において支援者側が陥りがちと思われるパターンと、その対策として取り組むべきことを表3-2 にまとめました。この表から伝えたいのは、知的障害がある人だから特別な対応をすべきというよりも、むしろ知的障害があることを意識しすぎて心理相談が成立しなくなる事態を避けましょうということです。まずは、気負わず相談者に耳を傾け自然に話すことから始め、もしそれではスムーズにいかないときには1つずつ丁寧に対策を検討していくことが重要だと思います。

　第2部からは、思春期・青年期の知的障害のある人への心理支援の事例が紹介されています。この章でまとめた課題を念頭に置きつつ事例を読み進めることで、実際の支援に役立つ知見を見出すことができると考えております。

表 3-2　心理相談で陥りがちな課題と適切な相談をするための取り組み

	陥りがちな課題	適切な相談をするための取り組み
心理相談の理解	知的障害のある人が「自分がダメだから相談するのだ」と思ってしまう。	相談体験を通して、「自分だけで解決できないことがあるのは自然なこと。相談するのは悪いことではない」と思ってもらう。
心理相談における人間関係	ことばの使い方や倫理について、教育的な指導をしてしまう。	対等な立場として相談者の話に耳を傾ける。解決や助言のみを目的としない。
心理相談の内容	重要なことや深刻なことを相談するべきであると思ってしまう。	日常的なささいな出来事や、ちょっとした思いつきをむしろ大事に扱う。
会話の進め方	「なぜ?」「どうして?」と質問を繰り返して、取り調べのようになってしまう。	曖昧な表現の場合は、視覚的な情報に変換したり、ゲームや活動を通して自発的な会話を促したりする。
心理相談の方向性	自立した考え方をもつことや、常識的な考え方をもつことを求めてしまう。	自分らしい生き方を探し、それに向けて努力するという自己実現をテーマにする。

引用文献

有光興記・青木康彦・古北みゆき・多田綾乃・富樫莉子（2016）セルフコンパッション尺度日本語版の 12 項目短縮版作成の試み．駒澤大学心理学論集，18，1-9．

近藤卓（2016）子どもの自尊感情をどう育てるか―そばセット（SOBA-SET）で自尊感情を測る第 3 版．ほんの森出版．

前川真奈美・越川房子（2015）6 因子マインドフルネス尺度（SFMS）の開発．健康心理学研究，28，55-64．

成田善弘（2007）新訂増補 精神療法の第一歩．金剛出版．

小塩真司・中谷素之・金子一史・長峰伸治（2002）ネガティブな出来事からの立ち直りを導く心理的特性―精神的回復力尺度の作成―．カウンセリング研究，35，57-65．

第 **2** 部

心理支援編

第4章

知的障害のある人に向けた
心理支援のポイントと家庭の役割

岩佐 和典

1 ▪ はじめに

　本書は知的障害のある人の「思春期・青年期」をテーマにしていますが、当然、生きている限り生活はその後も続きます。ライフステージごとに課題は次々到来し、彼ら／彼女らもそれに対処しながら生きていくことになります。中でも親亡き後をどう生きるかは、知的障害のある人にとっても、その家族にとっても重要なテーマだと言えるでしょう。親との死別は、遺された者にとって、現実的にも心理的にも大きな変化の始まりです。そしてその変化は、適応上の大きなチャレンジをもたらします。かつて提供されていたこころの支えや、日常生活の具体的なサポートを補うことは、そのチャレンジにおける主要な課題です。そのとき、思春期・青年期（もちろんそれ以前の時期も含め）における親との生活で形作られた行動の様式が助けとなるなら、それは親の死後も残る「こころの遺産」のようなものだと言えるかもしれません。「こう過ごせば将来上手くいく」という暮らしのレシピが存在するわけではありませんが、親亡き後の経験を詳細に検討することで、思春期・青年期の暮らし方に関する、多少のヒントが得られる可能性はありそうです。

　そこで本章では、年齢的には「思春期・青年期」を過ぎたクライエントのケースを紹介することにしました。これは、まさにそうした「こころの遺産」がメンタルヘルス改善の契機となったケースです。そのプロセスから、心理支援のあり方を考察するとともに、知的障害のある人の生涯にわたるメンタルヘルスについて、家庭が果たしうる役割についても考えてみたいと思います。なお、本章で議論の対象とするのは軽度の知的障害です。

2 ■ ケース紹介

（1）ケースの概要

　A さん（30 代前半、男性）は、カウンセリングを開始した当時、無職で一人暮らしでした。主治医から軽度知的障害および統合失調症と診断されており、何度か入退院を繰り返していました。担当カウンセラーである私が最初に会ったのは 3 回目の入院期間中でした。当時 A さんは、幻聴、意欲の低下といった症状に加えて、家に閉じこもりがちであること、人との交流が極端に少ないこと、生活が昼夜逆転していることなど、色々な面で日常生活の問題を抱えていました。統合失調症と診断された後に実施された知能検査（WAIS-Ⅲ）によると、全検査 IQ は 66 で、言語性 IQ が 78、動作性 IQ が 55 でした。ことばを使うことは比較的得意ですが、何かに集中すると他に気が向きにくいようで、また作業の速度はかなりゆっくりとしたものだと考えられました。

（2）問題の経過

　A さんは小学校入学前に軽度知的障害の診断をうけ、療育手帳（C）を取得しました。小学校には友人もおり楽しく過ごしていましたが、高学年からは特別支援学級で取り出し指導を受けることが増えていきました。そのまま地元の公立中学校に進学し、特別支援学級に在籍することとなりました。そして中学校卒業後、地元の清掃業者に障害者雇用の枠で就職しました。

　その後も世話好きで支持的な母親と同居し、大過なく生活していましたが、カウンセリングが始まるより 2 年ほど前に母親が急死しました。母と A さんの二人世帯だったので、それから A さんは一人暮らしとなりました。それ以降、生活習慣は大きく崩れ、気分も不安定となり、仕事を休みがちになりました。そして、次第に職場での行動にも変化が生じ始めました。清掃作業中に突然大声を出したり、何をするでもなくボーッと中空を見つめたまま動かなくなったり、さらには屋外で全裸になったりと、普通では考えにくいような行動を取るようになったのです。母親の急死から 7、8 か月ほど経ったころ、こう

したAさんの状態を重く見た同僚に連れられて、地元の精神科病院を受診することとなりました。そこで統合失調症と診断されるとともに、同病院で入院加療を受けることとなりました。

　入院後、Aさんの症状は1か月程度で落ち着きました。そのため、2か月後には退院し、外来での診療に移行しました。退院後は少しずつ仕事に戻っていきましたが、退院してから5か月ほど経った頃には、また同じような状態となり再入院しました。初回の入院時と同様に1か月程度で症状は落ち着き、2か月程度で退院しました。改めて復職に取り組みましたが上手くいかず、Aさん本人も就労に困難をおぼえ、退院して数か月経った頃に自主退職しました。つまり、「大きな症状が出て入院し、短期間で退院したのち、また再発して入院する」というパターンを複数回繰り返した後、退職に至ったという経過でした。そして退職後1か月で再々入院となり、ある程度落ち着いた時間を過ごしていましたが、これまでの経過を考慮すると、退院後の生活に大きな困難が伴うのは間違いないように思われました。そのため、外来診療に移行するとともに、再発予防と生活の質向上を目的としたカウンセリングが適用されました。

（3）初回面接：ニーズの聞き取りと治療契約

　直近の様子についてAさんは、「別に何がっていうことじゃないですけど、もう何が何だか……。どうしたら良いのかわからないんです」と混乱した様子でした。不安やイライラが生活全体を覆っており、「毎日つまらないし、寂しいです」と喜びの乏しさや孤独感を訴えました。経緯を踏まえると、こうした状態が続くことで、再発リスクも高まっていくものと予測できます。よって再発予防の観点からは、まず感情状態の安定を目指すことが先決だと考えられました。これに関連して「母ちゃんは面白くて、楽しいことが好きでした」との発言があり、母親が感情の安定にも一役買っていたと推測できました。カウンセリングでも、気楽なおしゃべりの時間を設けることにはそれなりに価値がありそうです。

　Aさんのニーズを知るべく、カウンセリングに期待することを尋ねました。すると「どうしたらいいのかわかりません。助けてください」と、明確な援助要請がなされました。率直な援助要請を行える点は、Aさんのもつ強みだと

言えます。さらに、〈今の気持ちが少しでも楽になるとしたらどうですか？〉と直接的に聞いてみると、「そうなったらうれしいです。もっと安心したいです」とのことでした。どうやら、こちらの狙いと A さんのニーズは、それほどかけ離れたものでもなさそうです。これを受けて、今後どのような生活になれば今より安心できそうか尋ねたところ、「わかりません……。でも、ちゃんと夜寝たりご飯を食べたりした方が良いとは思っています」と、生活習慣の安定を志向する発言が聞かれました。これは感情状態の安定を目指すという方針と矛盾しません。よって A さんの希望どおり、まずは食事や睡眠の状況を改善するために、どうするのが良いか一緒に考えていくことになりました。それと並行して、気楽なお喋りも交えつつ、気分の改善にも取り組むよう A さんと合意しました。なお、面接は週 1 回 50 分行うことになりました。

（4）生活全体のアセスメント

　初回面接の後、生活の実態を知るために、生活記録表によるアセスメントを行いました。この種の記録表では、よく毎日の行動を 1 時間単位で記録してもらう様式を使用しますが、A さんと相談のうえ、様式を簡略化しました（図4-1）。A さんには、午前・午後・夜間それぞれの時間帯で、だいたい何時くらいに何をしていたか記録すること、そして毎日の起きた時間と布団に入った時間を記録するよう依頼しました。数週間これを続けた後、結果について話し合う時間をとりました。期間中、記録をとった日と取らなかった日は半々くらいでした。それでも、記録された内容から、就寝時間と起床時間、食事の時間が一定せず、朝まで布団に入らずボーッと過ごす日も珍しくないことがわかりました。そうした過ごし方に加え、特に用事も無いせいか、午後には 3 〜 4 時間程度の昼寝をすることがしばしばありました。

　以上のようなまとめを共有すると、A さんは「なんかめちゃくちゃですね……」と頭を抱えました。最初の入院以前の様子を聞くと、「全部母ちゃんが言ってくれていたので……」と話してくれました。どうやら、炊事や洗濯などの家事は自分でもできるように教わっているが、何でも母親の指示を受けてから行動するのが日常だったようです。つまり、個々の行動は身についているものの、A さんが適切なタイミングで行動するには、母親の指示という外的な

生活の記録表　　○月　　×日

午前中	起きた時間：　11 時ころ 起きてからボーッとしていた
午後	2 時くらいにスーパーでおにぎりを買って食べた その後は昼寝
夜間	9 時くらいにおにぎりの残りを食べた ご飯のあと、録画したテレビを見ていた 布団に入った時間：　2 時くらい？

図 4-1　このケースで使用した生活記録表の様式

合図（プロンプト）が必要だったのだと考えられます。母親の死後、そうした
プロンプトが欠如したことも、規則的な生活を維持できなくなった一因だった
のでしょう。そこで、まずターゲットとなる行動を定め、それに何かしらのプ
ロンプトを添えるよう工夫してみてはどうかと提案したところ、合意が得られ
ました。

　ターゲット行動について話し合う中で、「お風呂に入ってからじゃないと寝
てはいけないと思う」という発言が聞かれました。これは母親から口酸っぱく
言われた教えだったのだそうです。活動記録表を見ても、入浴が遅れるほど就
寝時間も遅れており、朝まで起きていた日は夜間に入浴していないことがほと
んどでした。皮肉なことに、A さんがこの教えに忠実だったからこそ、入浴
行動の不安定さが睡眠サイクルの不調に直結したのだと理解できました。

　入浴してから就寝するというのは一般的に望ましい習慣だと感じられます
が、誰もが絶対にそうしないといけないわけでもありません。その意味で、こ
れは A さんの頭の中にだけ存在する「ルール」に過ぎないとも言えます。し
たがって、このルールを取り払ってしまえば……という方向性も考えられま

す。しかし、このルールには親子が共に過ごした日々が刻まれています。取り払うといっても簡単にはいかないでしょうし、何より今は亡き母親との大切な記憶です。どうも、その方向性は分が悪いように思われました。また裏を返すと、入浴時間さえ安定すれば、このルールが睡眠サイクルを自然と改善してくれる可能性もあります。よってここでは、入浴してから寝るというルールを活かす方向で考えることにしました。

（5）生活習慣の安定化に向けた取り組み

　その翌週から、ひとまずのターゲット行動を「お風呂に入る」と定めて、その時間を固定するよう試みました。風呂に入るという単純な行動も、相応の事前準備が必要です。そこで、準備として何が必要かを話し合いました。そして、一連の準備をどのような時間間隔で行っていくか相談し、その流れを「生活の時間割」として紙にまとめました（図4-2）。Aさんが毎度時間を確認することに難色を示したので、全てのタイミングに携帯電話のアラームが鳴るようその場で設定してもらいました。上手くいけば、このアラームがプロンプトの役割を果たすかもしれないと考えたからです。さらに、生活の時間割は目につく場所（冷蔵庫の扉）に貼り付けておき、各手続きを実行したらチェック欄に丸をつけていくことになりました。

　1週間後、結果について聞くと、「できたりできなかったり」とのことでした。記録を見ると丸が半分以下で、手続きの改善が必要なのは明らかでした。改善の契機は、Aさんの「できないときは、何回もベルが鳴った方が良いです」「やらなかったら、いつも母ちゃんはしつこかったから……」という一連の発言でした。これは、行動が実行されるまでプロンプトが与えられ続ける環境だったことを意味します。それを再現するべく、携帯電話のスヌーズ機能を使って、5分刻みでアラームが鳴るように設定しました。その後も「できたりできなかったり」の日々を送りつつ、徐々に丸は増えていき、それから2か月経った頃には入浴時間が概ね計画した通りに固定されました。

　その達成を喜ぶ中で、Aさんは「母ちゃんが家に帰ってきたみたいな気持ちになりました」と、涙を流しながら語りました。それは悲嘆の涙というよりも、むしろ安らぎを含んだものに見えました。母との関わりを模したプロンプ

生活の時間割

	10 時	11 時	11 時 30 分	19 時 30 分	19 時 50 分	20 時
できたら ○を書く	洗濯	洗濯物を 干す	風呂洗い	お湯を張る	湯を止めて 着替えとタ オルを用意	入浴
月　　日						
月　　日						
月　　日						
月　　日						
月　　日						
月　　日						
月　　日						

図 4-2　「生活の時間割」の例（入浴時間を固定するためのスケジュール）

トの繰り返しが、彼女との記憶を想起させたのでしょう。その記憶が心地よい感情と結びついていたからこそ、ここで行った支援がスムーズに受け入れられたのだと考えられます。なおこの面接以降、A さんが「母ちゃんならなんて言うかな……」と考える様子をしばしば見るようになりました。いわば自分の中に住む母との対話です。この対話は、しばしば A さんの考えを促進したようでした。カウンセラーもまた、母ならどう言いそうかと尋ねることで、A さんが自ら考えることを支援できるようになりました。これらの支援を可能にした良好な関係の記憶もまた、「こころの遺産」だと言えるのかもしれません。

（6）睡眠サイクルの改善と、楽しめる時間を増やす試み

　入浴時間は固定され、布団に入る時間も概ね一定の範囲に収まるようになりましたが、すぐ眠れるわけではないようでした。明らかに長時間の昼寝が夜間の入眠を妨害しています。よってなるべく日中起きていられるよう、その時間帯に何らかの活動予定を入れることになりました。その際、気分の改善に取り組むという方針に基づき、楽しめる活動（快活動）をスケジュールするよう提案しました。これは行動活性化という心理支援の技法を参考にした提案でした。

　まず A さんの快活動に当たりをつけるべく、以前好きでやっていたことを尋ねました。すると、魚釣り、散歩、花の水やりなど、よく生前の母と共に楽しんだ活動が挙げられました。これらの活動が A さんの気分を改善するかどうかは、実際に試してみないとわかりません。そこで、順次これらを生活の中に組み込んでいきました（例えば、「14 時から 1 時間ほど散歩して、散歩道の傍らに咲く花を見て回る」「13 時から 2 時間ほど自宅近くの釣り堀に出かけて釣りをする」）。活動を計画したら、その次の面接において、活動が実行されたかどうか、実行されたならその結果気分はどう変わったかを確認していきます。そもそも実行が難しかった活動や、期待したような結果が得られなかった活動もありましたが、主に散歩や植物の観察によって気分の改善が認められました。

　やってみて良い結果が得られた活動は、それが実行される頻度も自然と高まっていくものです。行動活性化は快活動が自ずと定着しやすいことを利用した方法であり、気分を改善するだけでなく、生活全体の活動性を高める作用があります。A さんの場合、散歩は 1 か月ほどで習慣化し、日中の気分が以前よりも楽になるとともに、昼寝をする日も目に見えて少なくなりました。そしてそれは、布団に入ってから寝るまでの時間を短縮することに貢献しました。初回面接から 4 か月ほど経ったこの頃、A さんの睡眠サイクルは規則性を取り戻し、生活全体のリズムも安定した状態となりました。さらに、当初訴えていた退屈感や、A さんの生活全体を覆っていた不安やイライラも目立たなくなりました。

（7）就労の再開

　カウンセリング開始から 6 か月ほど過ぎた頃、A さんから「働きたいんです」という発言がありました。既に生活習慣と感情状態はかなり安定してきており、統合失調症を思わせる精神症状も目立たなくなっていました。そもそも統合失調症と診断される以前は継続的に就労していましたし、臨床観察的にもそろそろある程度のチャレンジは可能だと思われました。ひとまずそのように考えた理由を聞くと、「大人だから働かないと」とのことです。これも一種の「ルール」ですが、確かに、経済的な自立を目指す意向は尊重したいところです。主治医と相談のうえで、就職に向けた相談を並行して行うことになりまし

た。

　なおこの頃、話すべき話題が増えたせいか、面接中の話題があちこちへ飛ぶようになりました。その際、話題を元に戻す言動が A さんから聞かれることはありませんでした。会話の焦点が維持されなくなると、問題への取り組みも拡散してしまいます。何か対応策が必要でした。そこで、カウンセリングのテーマを一つひとつ紙に書き、今話している内容のカードを机の中央に置く、という方法を取りました（図 4-3）。「アジェンダ・カード」と名付けたこの方法は、会話の焦点を維持することに貢献しました。例えば、意図せず話題が移った際、対応するカードを机の中央に差し出すと、A さんも「あ、話が変わってましたね」と気づき、話題を自然と戻すことができました。後には、A さんが「この話からしたいです」と自らカードを取って話す場面も見られるようになり、以前よりも面接の構造化がしやすくなりました。

　就労に向けて、まずは望ましい仕事の条件を A さんと話し合い、紙にリストアップしていきました。現在の安定した状態の維持を一番に考えていった結果、大きく①規則正しい時間配分の仕事、②主に身体を動かす仕事、③変化の少ない淡々とした仕事、という 3 つの条件にまとまりました。しかし、臨床心理士であるカウンセラーには、具体的な就労支援が難しく感じられました。そこで、院内の精神保健福祉士からサポートを得つつ、地域のジョブカフェで仕事を探すこととなりました。それから 1 か月ほど経った頃、ジョブカフェから地元の大規模農家を紹介されました。A さんは植物が好きでしたし、希望する条件にも合うという判断から、ここが紹介されたようです。この農家は障害

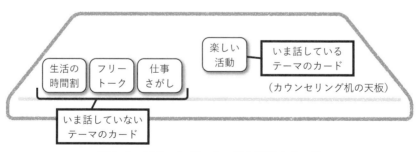

図 4-3　アジェンダ・カードの使用イメージ

者雇用に積極的で、知的障害や統合失調症の特性についてもある程度理解があるとのことでした。これに安心したＡさんは、この農家への就職を希望し、無事アルバイトとして採用されました。Ａさんの事情を考慮して、まず朝 6 時から正午まで働き、状態が良ければ徐々に勤務時間を伸ばしていくという条件でした。

（8）再発リスクへの対応

　事業主はとても支持的で、職場にも早々に馴染むことができました。Ａさんが元来人懐こい人柄だったことも関係したのかもしれません。しかし、働き始めて 2 か月ほど経った頃、Ａさんはまた漠然とした不安感やイライラ感を訴えるようになっていました。これは以前繰り返していた入院時の状態を思わせる訴えで、徐々に再発リスクが高まってきていると考えられました。仕事中の様子について聞いていくと、一旦働きはじめると休みを取るのも忘れ、力いっぱい動いてしまうことがわかりました。農作物を収穫する際にも逐一集中し、全身の力を込めるほどだったのです。熱心な働きぶりとも言えますが、こうした働き方が疲れを呼び、感情状態の悪化に影響している可能性もあります。

　ここでの問題は、過度に力んだ状態が長く続くことと、集中すると休息にすら気が向かなくなることだと考えられました。これらの問題に対処するために、まずはどのようなタイミングで休息をとると良いのか話し合いました。Ａさんは「いつ休めばいいのかわからないんです」と述べ、そもそも疲れたという感覚についてもよくわからないと言います。こうした発言から、Ａさんは自分の状態を把握し難い状態にあるのではないかと考えられました。自分の状態を観察するスキルは一般的にセルフ・モニタリングと呼ばれますが、どうやらそれが上手くできていないようです。これは知的障害や統合失調症によく見られる問題であり、前述した知能検査の所見（「何かに集中すると他に気が向きにくい」）とも整合します。そこで、この状態にあっても、Ａさんが把握できるような疲労のサインを探ることにしました。

　生活記録表を丁寧に確認すると、明らかに以前より入浴時間が遅くなってきていました。ついつい座り込んでボーッと過ごしてしまい、入浴が遅れるのだ

そうです。時間の遅れは客観的な情報なので、A さんにとっても把握しやすいサインです。そこで、毎日の入浴時間が遅くなってきたら、事業主に疲労を伝え、休憩時間の増加や休息日を願い出るように伝えました。A さんから事情を伝えられた事業主は、力を抜いて優しくやろうと度々声をかけてくれるようになりました。それを聞くたび、A さんは筋緊張に気づき、「優しく優しく」と口にしながら、程々の力で取り組むよう心掛けたそうです。外部（事業主）からのフィードバックが得られるようになり、セルフ・モニタリングが促進されたこともあってか、徐々に力み過ぎの状態は緩和されていきました。

　これに加えて、能動的なセルフ・モニタリングを習慣づけるために、毎朝「元気度」の感覚を 10 点満点で記録するよう依頼しました。当初は毎日同じような点数を付けていましたが、少しずつ自分を観察することに慣れ、メリハリのある点数が並ぶようになりました。やがて「疲れてるときはボーッとするし、胸がソワソワするので、それは朝考えたらわかるようになりました」と、以前よりも自分の状態を把握しやすくなった様子が語られました。

　こうしたセルフ・モニタリングの取り組みを通じて、A さんは再び安定した状態に戻りました。職場からの理解と支えも大きかったのでしょう。結果的に、A さんは再発リスクの高まりという危機を乗り越えることができたのです。この頃、カウンセリング開始から 1 年程度が過ぎていました。その後も、A さんの働き方に関する迷いなど、取り組むべき問題が生じるたびに、意思決定の支援を中心とした対応を続けていきました。

（9）カウンセリングのまとめと終結

　やがてカウンセリングは 2 週間に 1 回となり、積極的な取り組みよりも、近況報告やフリートークの時間が増えていきました。そしてカウンセリングが始まって 2 年が経った頃、カウンセラーが遠方に転居することとなりました。これを聞いたとき、A さんはやや動揺した様子でしたが、「ここで色々教えてもらったから、どうしたら良いのかわからないって、前みたいには思わなくなりました」と述べました。それから 2 か月ほど、カウンセリングの成果をノートにまとめる共同作業を行った後、ついに最終回の日を迎えました。

　ひとしきり思い出話をした後、また不安やイライラが襲ってきたらどうする

か聞くと、Ａさんは「すぐに先生（主治医）とボス（事業主）に言います」「疲れているときとか、変な生活になっているときにイライラするから、イライラしたらノートを見ます」と応えました。そして改めて、「どうしたら良いかわからないって、思わないです」と述べました。そう思える理由を尋ねると、「ノートもあるし、だいたい先生（カウンセラー）が何て言うかわかるし。自分でやってみたいです」とのことでした。頭の中で母と対話したときのように、いつしかカウンセラーも、Ａさんのこころの住人となっていたようです。こうした経緯で、２年３か月続いたＡさんとのカウンセリングは終結となりました。終結後は、月１回の外来診療で経過を観察していくことに決まりました。

3 ■ 考察

（1）カウンセリング過程のまとめ

　カウンセリングが始まる前、Ａさんは短期の入院と再発、再入院を繰り返していました。生活習慣は不規則で、良い感情状態を維持する行動が不足しており、やがて不穏となって再発するというパターンを反復していたのです。その流れで仕事も失い、Ａさんは心理的にも現実的にも大きな危機に瀕していました。こうした状況の一因は、生前の母親が担っていたであろう、行動の指示（プロンプト）や、気分の改善といった役割が、Ａさんの環境から消失したことにあったと考えられます。再発予防と生活の質向上を目指し、生活習慣や気分の改善に取り組む中で、そうした役割は別の方法で補われていきました。状態が安定したことでＡさんは就労を再開できましたが、就労後には再発リスクが高まりました。これには、特にセルフ・モニタリングの困難が関わっていると考えられました。疲労サインの発見や「元気度」の自己評定といった、セルフ・モニタリングを促進する取り組みを通じて、徐々にＡさんは自分の状態を把握できるようになりました。そして職場の人々の助けも得つつ、なんとかこの危機を乗り越えました。就労しながらの再発予防こそ、Ａさんが繰り返していたパターンの打開です。当初に比べて気分は改善し、職も余暇活動

も得た A さんの生活の質は確かな向上を見せました。ここに至り、カウンセリング導入の目的はある程度達せられたと言えます。残る課題はこの状態を長く維持することです。A さんと共同で作成したノートは、その助けとなるよう意図したものでした。終結後の経過は私の耳に入っておらず、残念ながら、その試みがどう働いたかはわかっていません。

　それでは、このプロセスから見えてくる心理支援のポイントと、それに関連する家庭での取り組みについて、順に考察してみたいと思います。

（2）感情をコントロールすること

　このケースの前半は、不安やイライラ、退屈といった感情状態の改善がテーマだったと言って良いでしょう。普通、感情のコントロールと聞いて思い浮かぶのは、「怒りに任せて手を出さない」というような、突発的な感情への対処かもしれません。しかし実のところ、A さんが取り組んだ「日々の感情を良好な状態に保つ」方法もまた、長い目でみた感情のコントロールだと言えます。ネガティブな感情状態が維持されるのは辛い経験ですし、それが日々の行動に与える影響も小さくありません。このケースでも、ネガティブな感情はA さんを長く苦しめており、またそれは再発の呼び水ともなっていました。とはいえ辛い感情を人生から消し去ることはできません。むしろ必要なのはバランスであり、辛い感情が大きくなり過ぎないよう保つ主体的な努力です。

　そのための堅実な方法は、ポジティブな感情の経験を増やしていくというものです。これは非常に一般的な方法ですが、しばしば余暇活動のレパートリーが少なくなりがちな知的障害のある人に支援を提供する際には、特に重要です。A さんとのケースでも、これを実現すべく行った行動活性化の取り組みが感情状態の改善に貢献しました。つまり、快活動を生活に組み込むことで、A さんは長い目でみた感情のコントロールに成功したと言えます。そしてそれは日々の活動性も高め、生活の質向上や再発リスクの低減にも役立ちました。

　ここで注意すべきは、その取り組みが持続可能なものかどうかです。アルコールやニコチンのような依存性をもつ物質や、経済的に大きな負担となる活動に頼った感情のコントロールは持続可能と言えません。目指すべきは一時の

慰めでなく、良好な感情状態が維持されるよう日常生活を組み立てることです。単発の気晴らしが悪いとは言いませんが、習慣化できるような快活動の発見を優先する方が良いでしょう。

　こうした支援を行う際、クライエントが過去に経験した快活動の記憶は決定的に重要です。何を快く感じるかは人それぞれなので、それを見つけるためにはクライエントからのアイデアが欠かせません。その意味で、思春期・青年期の時期に覚えた快活動には大きな価値があると言えます。加えて、そうした活動に対する前向きな態度は、その実行を大いに促してくれます。ここから提案できる家庭での取り組みは、「親子で楽しい活動を共有すること」です。それは快活動のレパートリーを増やすだけでなく、人生を楽しむことへの積極的な態度を育むでしょう。このとき、活動の持続可能性を考慮しておけば、それは長く彼ら／彼女らの感情コントロールを支える資源となるかもしれません。

（3）自分を観察すること

　自分がどのような状態なのか把握することは、適切な対処の前提と言っても過言ではありません。これもまた一般的な原則であり、うつや不安といった感情的問題の心理支援を行う際にも、セルフ・モニタリングは中心的な役割を担います。知的障害のある人の心理支援でこの点が重要になるのは、先にも述べたように、そこに困難を抱える当事者が少なくないからです。Ａさん以外にも、例えば自身の怒りを把握し難いために攻撃行動を自制できないケースなどがときおり観察されます。こうした困難が生じる理由は様々考えられますが、1つの有望な説明は、メタ認知と呼ばれる機能の不全による、というものです。

　メタ認知は「考えていることについての考え」であり、いわば自分の意識を客観的に捉える能力です。「今またアレについて考えているな」と気づいたり、「コレは今話すことじゃないのかも」と自分の振る舞いを評価したりと、そうした客観的な気づきが、状況に合わせた行動のコントロールを可能にするのです。それが上手く働かないとなれば、自分の状態を把握し難いだけでなく、状況を踏まえた適切な行動の選択すら容易でなくなります。

　知的障害や統合失調症などを背景とするメタ認知の不全を、直接改善する方法は確立されていません。そのため、心理支援では基本的にそれを補う方向を

考えます。A さんの場合、就寝時間という目に見えるサインを利用して状態の把握が可能になりました。さらに「午前中に元気度を評価する」という、他と同時進行しない、独立した 1 つの行為として習慣化するよう試みました。「アジェンダ・カード」もまた、今話している話題はこれなのだという気づきを得やすくするという点で、同じ路線の支援だったと言えます。メタ認知に頼りにくくとも、別の角度からゴールへ到達する道を探すことは可能です。

　この考え方は、家庭での取り組みにも共通する部分がありそうです。メタ認知による自然なセルフ・モニタリングが生じにくい以上、代わりとなる手段の学習が、後のメンタルヘルスの維持に貢献するかもしれません。特に状態の把握を独立に習慣化する方法は、家庭でも比較的実行しやすいのではないでしょうか。セルフ・モニタリングを当たり前の行動として身につけられれば、将来訪れるかもしれない感情的な危機を、未然に察知する可能性も高まるはずです。

（4）身についた習慣を頼ること

　A さんのケースで早期に生活習慣を安定させられたのは非常に幸運でした。それが就労にも結び付き、再発予防と生活の質改善のベースともなったからです。ケースを読めば一目瞭然ですが、これを可能にしたのは家庭で身についた行動の習慣でした。生活の基本的な行動が身についていたことに加え、それらを結び付ける「ルール」の存在が、心理支援のプロセスを大いに助けました。ポイントを単純に表現すれば、「何をするにも現時点で可能なことに頼って進めていく」となります。習慣は目に見える行動の形でだけ残るわけではありません。A さんのケースで言えば、「入浴してから就寝する」というルールもまた、既に身についた考え方の習慣です。仮にこれが確立されていなかったら、就寝時間の安定もあれほどスムーズには達成されなかったでしょう。日常生活の安定を支援する際には、こうした既学習の行動やルールを活かす道がないか探ってみるのが良さそうです。

　これはいわば「しつけ」の範疇であり、どの家庭でも当たり前に行われていることだと想像します。そこにあえて付け加えることがあるとすれば、行動と行動を結び付けるルールとなるような、一貫した関わり方の重要性でしょう

か。そもそも毎日の生活は、互いに連動した行動から成り立ちます。「これを
したら、次にこれをする」といった「連なり型」のルールはその実態に適合しま
す。行動を単発で終わすのではなく、いくつかまとめて行動する習慣は、生
活全体の安定にいくぶんか寄与することでしょう。それを確立するうえで、粘
り強い一貫した関わりという、地道な取り組みに勝る方法はないのかもしれま
せん。

4 ■ おわりに

　以上、本章では、知的障害のある人への心理支援のポイントや、思春期・青
年期における家庭の役割を考える題材として、親と死別した成人のケースを検
討しました。得られた結論はどれも耳に新しいものでなく、またそうであるか
らこそ、「言うは易く行うは難し」なのでしょう。その限界を痛感しつつでは
ありますが、あくまで 1 つのケースから導かれた試論として、参考にして頂け
たらとこころより願っております。

第**5**章

知的障害特別支援学校での
生徒のこころとスクールカウンセリング

堂山 亞希

1 ▪ 知的障害特別支援学校の現状

　まず、知的障害特別支援学校の近年の傾向として、少子化にもかかわらず、在籍する児童・生徒の数は増加の一途をたどっています。小学部、中学部、高等部ともに増加していますが、その中でも高等部の増加の割合が最も高く、知的障害の程度が軽度からボーダーライン（境界域）の生徒の増加も指摘されています（国立特別支援教育総合研究所，2010）。

　また、全国の知的障害特別支援学校の高等部を対象にした調査では、軽度知的障害のある生徒の生徒指導上の課題として、「不登校」「不健全な異性との交友」「精神症状」の3つの課題が多く挙げられていました（国立特別支援教育総合研究所，2012）。これらの問題は、従来の知的障害特別支援学校ではそれほど注目されてこなかった課題であり、近年の知的障害特別支援学校の生徒の傾向の変化に関連して浮かび上がってきた課題であると思われます。

　知的障害特別支援学校での「不登校」「不健全な異性との交友」「精神症状」などの新たな課題について、どのように指導・支援すべきかといった具体的な実践例は十分に蓄積されていないのが現状です。学校現場では、教員の賢明な指導・支援が行われていますが、医療や心理、福祉といった教育以外の専門職・専門機関との連携の必要性も高まっています。

2 ▪ 知的障害特別支援学校の生徒のこころ

　学齢期のうち特に思春期は、様々な成長が見られる一方で精神的に揺れやす

い時期でもあります。思春期とは、第 2 次性徴が出現する 10 歳頃から 18 歳頃までの時期がそれにあたり、重要な対人関係が家族や親から同年代の仲間へと移り変わり、「心理的離乳」という親子関係の変化が生じます。親の言うことを聞かず反抗的になったり、交友関係が広がり友だちや先輩から良いことも悪いことも学んできたりして、自立に向けた精神的な成熟を進める時期です。また、親以外の人とのかかわりを通して、自己像や自身の価値観を見つめ直す時期でもあります。

　知的障害のある生徒も、もちろん思春期を経験します。反抗的になる一方で自我がより明確になる生徒、クラスメートとの喧嘩を通して人との適度な距離感を学ぶ生徒、先輩後輩関係を意識して生徒会などで活躍する生徒、恋愛感情を自覚するようになる生徒など、身体だけでなくこころの成長・成熟が見られます。障害の有無にかかわらず、そのような成長・成熟の中には葛藤や悩みがつきものですが、知的障害のある生徒はその葛藤や悩みにうまく対処できずに問題が大きくなり、指導や支援が必要な場合もあります。

　その具体例として、葛藤や悩みを人に相談できず抱え込み不登校になるケース、葛藤や悩みがリストカットなどの自傷行為や家庭内暴力などの他害行為に発展するケース、他の学校の生徒など家族や学校が気づかないうちに交友関係が広がりトラブルに巻き込まれるケース、SNS を通して顔の見えない相手とつながりテキストでのやりとりに苦戦するケース、恋愛の中で自分を守ることができず性の問題や事件に発展するケースなどが挙げられます。

　次からは、知的障害特別支援学校における生徒のこころの問題に対しスクールカウンセラーの立場から支援した事例を紹介します。いずれも筆者の経験をふまえた架空の事例ですが、特別支援学校での典型的な例として記述します。

3 ▪ 事例①：担任教員を介して相談につながった事例
　軽度知的障害のある高等部 2 年生の A くん

（1）背景

　クラスでささいなことがきっかけで泣き出したり、机や椅子を倒すなど物に

あたったりする様子が見られました。担任教員は、まずはその場から離し、別室に連れて行ってクールダウンをさせる対応をとり、Aくんはしばらくすると気持ちが落ち着いてきて授業に戻ることができました。担任教員はAくんの気持ちが落ち着いてから、何が嫌だったのか話を聞き、本人も自分なりのことばで伝えることができていました。しかし、このような状態がなくならず何度も繰り返していたうえに、根本的な原因がわからず、担任教員が「スクールカウンセラーと1度話してみたらどうか」とつなげてくれました。

（2）スクールカウンセラーによる支援

　Aくんは、普段から校内を巡回しているスクールカウンセラーと話したことがあったので、スクールカウンセラーと話すことをすんなりと受け入れてくれました。しかし、最初はとても緊張しているようで何を話したらいいかわからず、最初のうちはスクールカウンセラーからの質問に、「はい」「いえ……」など、一問一答のように応答するばかりで、会話がなかなか続きませんでした。

　そこで、スクールカウンセラーは、アナログゲームを手がかりに緊張を和らげるようにしました。ゲームを楽しむうちにAくんの表情は次第に和らぎ、会話も続くようになりました。スクールカウンセラーはAくんの好きなことや家でどのように過ごしているかなど、話しやすそうな話題を扱うようにしました。

　カウンセリングルームに通い出して数回経ったあるとき、Aくんが「いっぱいメッセージがきてて……」と話し始めました。Aくんの話によると、友人づてに知り合った他校の生徒からメッセージアプリ上のやりとりで悩みを相談されており、その内容が深刻でどうしたらいいかわからなくなってしまっていたということでした。Aくんは友だちができたことを嬉しく思っていたようですが、相手生徒からのメッセージはだんだんと頻繁に送られるようになり、内容も「死にたい」などで抱えきれなくなっていました。相手生徒から「誰にも言わないで」と言われていたため、それをAくんなりに誠実に守り、誰にも相談できない状況が続いていました。

　スクールカウンセラーは、Aくんが悩みながらも打ち明けてくれたことや、

相手生徒を助けてあげたいと思っていた優しさをしっかりと認め、打ち明けてくれた内容を担任教員や家族にも話した方がいいことを説明しました。

その後、本人、保護者、担任、スクールカウンセラーの四者で話し合い、本人の意思を尊重しつつ、相手生徒との今後の連絡の取り方について考えました。相手は、他の特別支援学校の高等部の生徒だったため、相手生徒の先生とも協議し、対応をお願いしました。Ａくんとしては、相手生徒との連絡を絶つのは嫌とのことだったので、その後は担任教員や家族の見守りのもと、適度な頻度・内容でのメッセージのやりとりを続けていきました。

（3）事例から導きだされる心理支援のポイント

知的障害特別支援学校の生徒であっても、年齢があがるとともに少しずつ交友関係が広がったり、SNS などを通じて新たな友人ができたりすることも珍しいことではありません。良好な関係を築けることも多いですが、若者世代で発生している SNS トラブルの被害に遭うこともあります。Ａくんのようなケースの他にも、例えば、自分の写真を撮って送るように相手から執拗に要求され拒否できずに送ってしまい、それがもとで相手から脅されて下着姿や裸の写真を送ってしまうなどのトラブル（性犯罪）に巻き込まれる場合もあります。本人には「被害に遭っている」という自覚がなくても後ろめたさを感じたり、送ってしまった自分が悪いと自分を責めたりして、人に相談できずに悩みを抱え込んでしまうことも少なくありません。

Ａくんの場合も自ら相談できず抱え込んでしまい、クラスでの様子の異変を担任教員が察知し相談につながりました。思春期の子どもは、同年代の仲間関係の中で共感されたり何気ないアドバイスをもらったりして、気持ちが安定し悩みごとへの解決策を見出していくことが多いのですが、知的障害のある生徒の中には、友だちがいても話していいかわからず抱え込んでしまったり、悩みを打ち明けられる友だちが少なかったりして悩みごとが解決しづらいのが現状です。

したがって、知的障害のある生徒への心理支援においては、「困ったことがあったら相談してください」と呼びかけるだけでは、十分な支援とは言えないでしょう。日々の観察や担任教員との情報共有によって、普段の様子から生徒

の異変にいち早く気づき支援ニーズをすくい上げようとすることが重要です。

　また、事例①では、相談の場に慣れていない生徒に対し、アナログゲームなどを用いて緊張を和らげるようにしました。相談すること自体に慣れておらず会話への緊張が強い場合には、会話での相談を急がずに、リラックスを促すようなツールを活用することも有効な方法の１つです。

4 ■ 事例②：不登校傾向の生徒への支援事例
　　中等度知的障害と自閉スペクトラム症のある
　　高等部１年生の男子生徒Bくん

（1）背景

　小学部から特別支援学校に在籍し、現在高等部１年生です。高等部では、現場実習が行われており、Bくんは２学期に初めての現場実習に臨みました。その現場実習の際、通勤途中に電車が遅延して遅刻してしまい、そのことを実習先にうまく説明できずに注意を受けたことをきっかけに学校に登校できなくなってしまいました。保護者曰く、もともと完璧主義でこだわりが強いところがあり、実習先の職員や担任教員が「次頑張ればいいんだよ」と励ましても、失敗したことを何度も思い出しては「自分はダメなやつだ」「もう就職できない」と繰り返し家族に訴えるようになりました。実習後も、通学中にまた失敗するのではないかと考えるようになり、そのような不安から学校に行け_なくなってしまいました。

　保護者が登校に付き添って登校しても、学校の玄関で立ち止まり、そこから動けず教室に行こうとしませんでした。そこで、スクールカウンセラーの勤務日には、スクールカウンセラーと別室で過ごすことにしました。

（2）スクールカウンセラーによる支援

　スクールカウンセラーは、Bくんがまずは安心して学校で過ごせる時間を作り、学校への安心感を高めることを第一目標としました。加えて、別室登校が安定したら給食を教室で食べることなどを促し、クラスとのつながりを段階的

に作ること、実習での失敗が本人の中で十分に消化できていないと考え、実習での出来事をもう一度振り返って話すことも目標にしました。

　別室登校では、B くんは会話への意欲は高く話したいけれど、どのようなことを話題にしたらいいかわからず、いつも同じような質問をスクールカウンセラーにしていました。そこで、スクールカウンセラーは「トーキングゲーム」（tobiraco）（図 5-1）を用いて会話の手がかりにするようにしました。トーキングゲームは、様々な質問が書かれたカードを引きその質問に答えるゲームです。B くんはトーキングゲームの質問をきっかけに、今まで話したことのない話題を楽しみ、ゆったりと自分の話をすることで、満足したような表情が見られるようになりました。

　また、好きなものを集めたスクラップブックも一緒に作成しました。トーキングゲームで B くんが話してくれたことを中心に、インターネットで検索した画像を印刷して貼ったり、カタログなどの切り抜きを貼りつけたりして、B くんが好きなものを集めたオリジナルの 1 冊を作り上げました。完成したスクラップブックを持ってクラスに行き、段階的にクラスで過ごせる時間が増えていきました。

　スクールカウンセラーが現場実習のことを話題にすると、当時の通勤途中のことを少しずつ話すようになりました。スクールカウンセラーは、「どうすれ

図 5-1　トーキングゲーム（tobiraco）

ばよかったのか」という対処方法に焦点を当てるのではなく、そのときどのような気持ちになったのかという感情に焦点を当てて話すようにしました。その後、家庭で現場実習のことを思い出すことは徐々に少なくなり、登校日数も増えていきました。

（3）事例から導きだされる心理支援のポイント

　知的障害のある生徒が不登校になった場合、自分で生活リズムを保つことが難しく昼夜逆転になったり、インターネットやゲームにのめり込んでしまったりすることが多くあります。そのため、学校やその他の日中の居場所を作り、生活リズムを整えることが重要です。

　Bくんは、現場実習での失敗をきっかけに、不合理な考えを反すうしてはさらに思い込みを深めてしまっていました。知的障害や自閉スペクトラム症のある生徒は、認知処理能力の弱さや同一性保持などの特性により、不合理な考えでもその考えに固執しネガティブ思考の悪循環から抜け出せなくなってしまうことがあります。その場合には、その考えを修正するよう支援する方向と、好きなことに目を向ける方向が考えられますが、事例②では、Bくんが自分の好きなことや興味のあることについてゆったりと話す時間をとって傷ついた自尊心を癒し、学校への安心感と登校へのモチベーションを高めることを目指しました。トーキングゲームを用いたことで、会話の視点が広がり、充実した時間を過ごすことができました。スクラップブックはお守りとなり、クラスメートとの会話のきっかけにもなりました。

5 ■ 事例③：情緒不安定の背景にあった内面の成長を 支援した事例
軽度知的障害とダウン症のある中学部の女子生徒Ｃさん

（1）背景

　小学3年生までは通常学級、4年生から特別支援学級に在籍し、中学部から特別支援学校に入学しました。学校では、クラスのムードメーカー的なキャラ

クターで、冗談を言って周囲を和ませたり、先生の手伝いを率先して行ったりして周囲から慕われている生徒です。中学部2年生の秋頃から月経がはじまり、ホルモンの分泌によって情緒的に不安定になることが少しずつ増えてきました。学校では様子の変化は少なかったのですが、家庭では気持ちが不安定になると物を投げたり、突然泣き出したりするなどの行動が度々見られるようになりました。

　家庭での対応に困った保護者からスクールカウンセラーに相談があり、支援に加わることになりました。Cさんは、担任教員に褒められることが嬉しく、先生とネガティブなことについて話したくないという思いがあったため、保護者はスクールカウンセラーに相談することをCさんに提案してくれました。

（2）スクールカウンセラーによる支援

　保護者を介してCさんの相談の申し込みがあり、休み時間に1度話をすることになりましたが、その後定期的に相談室を利用することには消極的なようでした。そこで、スクールカウンセラーはCさんに交換ノートでやりとりすることを提案し、Cさんも交換ノートならやってみたいということでやりとりを開始しました。最初は、好きな食べ物や好きなアイドルなどについて自分のことや質問が書かれており、書かれている文章の量が徐々に長くなっていきました。

　クラスでのCさんの様子を見ても楽しく過ごしているようでしたが、あるとき、交換ノートにクラスでの出来事について次のように書いてくれました。クラスで行事の係を決める際、クラスメートと自分の希望が重なってしまいクラスメートに譲ったけれど、本当は希望通りの係がやりたかったということでした。「わがまま言いたくなっちゃいました」と書かれており、Cさんは自分よりも他者の気持ちを優先させることが多かったこと、自分の気持ちを言うのは「わがままである」と思っていることが推測されました。スクールカウンセラーは、「良いわがままもあるんだよ。『やりたい』って言っていいと思うよ」と交換ノートに書いて返し、この出来事について担任教員に情報共有しました。その後担任教員は、Cさんの隠れた思いを汲んでくれ、クラスでの話し合いなどの際はCさんの希望をさりげなく引き出すようにしてくれました。

　また、家庭で気持ちが不安定になった際の対処法として、Cさんと担任教員、スクールカウンセラーの三者で気分転換の方法のアイデアを出し合いました。ペットボトルをつぶしたり、浮かんでくる考えを紙に書き出して破ったりする方法を「気分転換ツール」とし、「自分の気持ちを把握するツール（ストレススケール）」（図5-2）と併せて、「気持ちの整理ブック」として1冊のファイルにまとめていつでも見返せるようにしました。

　また、スクールカウンセラーが廊下に掲示していた「見る目をかえる自分をはげますかえるカード」（tobiraco）（図5-3）をCさんは気に入ったようでした。このかえるカードは、例えば、片面には「気が散りやすい」、その裏面には「いろんなことに興味がもてるんだね！」ということばとイラストが書かれており、マイナスなことばを裏返すとプラスに捉えることができることを教えてくれるカードです。Cさんはかえるカードを参考に、交換ノートに自分の性格についてマイナスな側面とプラスな側面の両方の捉え方を書き、自分にも良いところがあると発見できたことを報告してくれました。

　これらのような経過を経て、次第に家庭で情緒的に不安定になることはなくなっていき、学校では以前よりも率直に自己表現や主張をするCさんの様子が見られるようになりました。スクールカウンセラーへの相談も、「困ったら相談すればいいってわかったから大丈夫」と言えるようになり交換ノートのや

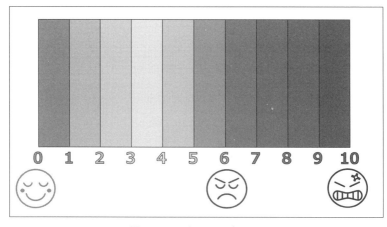

図 5-2　ストレススケール

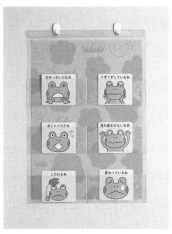

図 5-3　見る目をかえる自分をはげますかえるカード（tobiraco）

りとりは終結しました。

（3）事例から導きだされる心理支援のポイント

　Ｃさんの情緒的な不安定さの裏には内面の葛藤がありました。Ｃさんは、自己主張や自己表現をしたい気持ちと、それはわがままだという考えの間で葛藤し、自分を責めているようでした。本来、自己主張や自己表現は精神的な成長の一部であり、このような悩みは同年代の仲間関係でのおしゃべりの中で共感し合ったり、先輩や友人をロールモデルにしたりして解消できる程度のものであると思われますが、Ｃさんにとっては重大な悩みとなっていました。

　本事例では、同年代の仲間の代わりにスクールカウンセラーが共感する役割を担い、担任教員と連携してＣさんの自己表現を促す支援を行いました。交換ノートを用いて考えを文字にしたことは、Ｃさんが自分の考えを整理するのに適していたようでした。また、自分のことをマイナスに捉える傾向が強かったＣさんですが、かえるカードによってリフレーミングして捉え直し、自分の良いところに気づけるようになりました。

　加えて、気持ちが不安定になったときの対処法として、「気持ちの整理ブック」を作成し、自ら自分の状態を把握し気分転換を図ることができるよう環境

を整えました。自分の力で対処可能となったことも C さんが自信をつけたことでした。

6 ■ 知的障害特別支援学校でのスクールカウンセリング

　スクールカウンセラーは、いじめによる自殺や不登校の増加への対応のために 1995（平成 7）年から学校への配置が開始しました。昨今では、多くの小学校・中学校・高等学校に配置されるようになっていますが、通常学校に比べ、特別支援学校へのスクールカウンセラーの配置率は低いのが現状です。筆者は、公立小学校と知的障害特別支援学校の両方でスクールカウンセラーとして務めた経験がありますが、知的障害特別支援学校でのスクールカウンセリングは通常学校とは異なる役割があると感じています。以下に、知的障害特別支援学校でのスクールカウンセリングにおいて特徴的だと思われる点を挙げます。

（1）相談ニーズの把握

　事例でも挙げた通り、知的障害のある生徒の中には、自ら進んで相談することが難しい生徒も少なくありません。相談の申し込みが生徒本人からというケースよりも、保護者や担任教員からの勧めで相談に至るケースが多いです。そのため、スクールカウンセラーは日常的に校内を巡回して生徒の状態の把握に努めるとともに、自身が提供できる心理支援を保護者や担任教員に伝え、自身の出番に備えておく必要性が高いと言えます。

　また、生徒が自分の状況をことばで全て説明するのは難しいことが多いため、相談内容に関わる情報を生徒本人から聞くだけでなく、保護者や担任教員から情報を収集し支援に役立てる働きも重要です。

（2）カウンセリングの方法

　カウンセリングというとことばでのやりとりが重視されることが多いですが、知的障害のある生徒に対しては、ことばによるやりとり以外にも、アナログゲームや絵を描くなどの遊びを介して緊張を和らげる方法、リラクセーション法、交換ノートでのやりとりなど、生徒に合わせて様々な方法を用いていま

す。また、ことばでのカウンセリングにおいても、生徒の知的能力に合わせたことばを選び、話の内容を紙に書き出して情報を視覚的に整理するなどの工夫が求められます。

（3）心理アセスメントの活用

　知的障害特別支援学校に在籍している生徒の知的能力や障害特性は、非常に幅広く多様であり、生徒理解のためには多角的なアセスメントが必要です。療育手帳の判定の際やかかりつけ医などで知能検査や発達検査、その他障害特性や精神状態を把握する心理アセスメントを実施している場合もありますが、生徒理解のために保護者や教員からスクールカウンセラーに心理アセスメントの実施を依頼することもあります。スクールカウンセラーは、心理アセスメントを実施するだけでなく、アセスメントの結果を保護者や教員に丁寧にフィードバックする働きが重要です。アセスメントで得られた情報を心理の専門性から解釈し、指導・支援に新たな視点を提供したり、生徒への具体的な指導・支援内容の立案に貢献したりできるよう心がけます。

（4）予防的支援

　スクールカウンセリングにおいては、学校種にかかわらず予防的支援も重要です。石隈（1999）は、学校心理学における 3 段階の援助サービスのモデルを提唱しています。3 段階の援助サービスとして、全ての子どもを対象とする「一次的援助サービス」、登校しぶりや学習意欲が抵抗しているなどの一部の子どもを対象とする「二次的援助サービス」、不登校やいじめなどの特定の子どもを対象とする「三次的援助サービス」を想定することが必要であるとされています（図 5-4）。

　一次的援助サービスである予防的支援の例として、生徒への心理教育があります。知的障害のある生徒は、感情やストレスなど目に見えない抽象的な心身の状態を把握することが苦手な場合があるため、担任教員や養護教諭と協働してそれらをテーマにした授業を実施し、自己理解や対処方法の習得を促すなどの方法が考えられます。

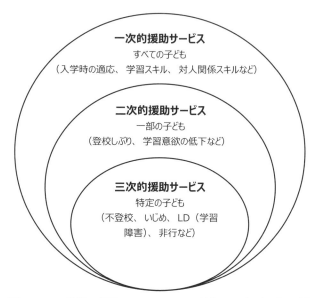

図 5-4　3 段階の援助サービス、その対象、および問題の例

出典：石隈利紀（1999）学校心理学：教師・スクールカウンセラー・保護者のチームによる心理教育的援助サービス．誠信書房．

（5）知的障害と精神疾患の合併への対応

　精神疾患は 10 〜 20 代の若者に最も発症しやすいとされており、知的障害特別支援学校でも精神的な問題や精神疾患をもつ生徒が増加しています。強度行動障害や強迫性障害、摂食障害、パーソナリティ障害、虐待の影響による反応性愛着障害など、多様な精神疾患やその疑いのある生徒が在籍している可能性があり、医療機関に任せて学校では対応しないというわけにもいかない状況になっています。知的障害と精神疾患を併せもつ場合、心理教育やカウンセリングによる精神疾患の治療がうまく進まないこともあり、校内支援体制を整え、医療や福祉の他機関と密に連携をとり対応する必要があります。

（6）教員のメンタルヘルスのサポート

　知的障害特別支援学校では、少人数での学級編成だからこそ、生徒一人ひと

りを幅広く丁寧に把握し、一人ひとりの生徒にかける指導・支援の時間も長くなるため、生徒と担任教員はより密接な関係となります。指導・支援が順調に進んでいる場合はいいのですが、それが行き詰まった際に、関係が密接なほど教員の精神面への影響も大きくなりやすいです。特に、精神疾患などを併せもつ生徒の対応においては、対応に携わる教員が精神的に傷ついたり疲弊したりするといった「二次受傷」が生じる場合があります。

　教員のためにも、生徒への指導・支援を安定・充実させていくためにも、教員のメンタルヘルスのサポートは欠かせません。問題の渦中にある場合は、スクールカウンセラーが教員のメンタルヘルスの異変を早期に発見し、コンサルテーションやカウンセリングを通して教員を支援すること、また、日ごろから教員のメンタルヘルスに関する研修や情報提供を行ったり、担任教員に負担が集中しないような校内支援体制の整備を提案したりするなどの働きも重要です。

（7）特別支援学校の教育への理解

　特別支援学校の教育の特徴として、少人数の学級編成であること、「自立活動」や「作業学習」などの科目があること、生徒一人ひとりに「個別の指導計画」を作成していることなどが挙げられます。また、特別支援学校の高等部では「現場実習」（就労を目指した就職体験のような実習）があり、生徒にとっては社会に出る体験を通して自信をつけることもあれば、自分の苦手なことに直面する機会ともなります。スクールカウンセラーは、このような学習内容の違いや教育の特徴を理解したうえで、生徒の状況を把握し、心理職にできることを探る必要があります。

（8）保護者への情報提供や啓発

　保護者への情報提供や啓発として、スクールカウンセラーだよりを作成し、家庭に配付することが一般的です。特別支援学校においても、スクールカウンセラーだよりを配付しますが、保護者が専門的な情報を求めている場合も少なくありません。例えば、知的障害のある子どもへの専門的な支援プログラムやペアレント・トレーニング、知的障害のある子どもの思春期、性教育などへの

関心が高く、スクールカウンセラーだよりに解説を載せたり、保護者も手に取りやすい書籍を選定して紹介したりするといいかもしれません。

　これらのように、知的障害特別支援学校でのスクールカウンセリングにおいては、通常学校とは異なる働きや役割を求められることも少なくありません。知的障害や発達障害、精神疾患などの障害特性や症状に関する知識、教育課程や学校組織を把握した上でのカウンセリングやコンサルテーション、生徒の特性や背景に合わせた柔軟な支援など、高い専門性が求められます。

　特別支援学校は、少人数の学級編成だからこそ、担任教員が生徒一人ひとりを丁寧に指導・支援していると言え、スクールカウンセラーの必要性が低いと思われることもあります。しかし、スクールカウンセラーが心理の専門性に基づいて教員とは異なる視点で生徒の理解を深め支援に参加することで、学校全体の機能をより高めるとともに、生徒にとって学校への安心感の向上につながると考えられます。

引用文献

国立特別支援教育総合研究所（2010）知的障害者である児童生徒に対する教育を行う特別支援学校に在籍する児童生徒の増加の実態と教育的対応に関する研究．平成 21 年度報告書．

国立特別支援教育総合研究所（2012）特別支援学校（知的障害）高等部における軽度知的障害のある生徒に対する教育課程に関する研究―必要性の高い指導内容の検討―．平成 22 ～ 23 年度研究成果報告書．

石隈利紀（1999）学校心理学：教師・スクールカウンセラー・保護者のチームによる心理教育的援助サービス．誠信書房．

tobiraco　きいて・はなして　はなして・きいて　トーキングゲーム．

tobiraco　見る目をかえる　自分をはげます　かえるカード．

第6章
知的障害のある
思春期の子どもへの心理療法

田中 恒彦

1 ■ 知的障害のある人の思春期における二次障害

　筆者は大学とは別に開業カウンセリングルームで臨床実践を行っています。中でも、児童期や思春期の方を対象として、認知行動療法を専門的に提供しています。児童や思春期を対象にしていると、来談時によく耳にする問題として、不登校をはじめとした学校適応、自傷行為や自殺関連行動、性の問題が上がってきます。このような問題を抱えている方の中にはしばしば知的能力障害／知的発達症（以下、知的障害）や境界知能を有する人がいます。研究でもそれが裏づけられており、知的障害のある若者を対象にしたメタ解析では、知的障害と精神疾患の合併が確認されている患者が33％に上り、精神障害を経験しやすいことが明らかになっています（Mazza et al., 2020）。一方で知的障害への心理支援の方法については、いまだ十分な研究がなされているとは言いがたいですが、認知行動療法にはいくつかの有望なエビデンスが報告されています（例えば、Vereenooghe et al., 2018）。

　知的障害や発達障害のある子どもの行動や情緒の問題としては、反抗的な態度、暴言や暴力、不登校、引きこもり、拒食・過食、抑うつ、不安、など多岐にわたることが知られています（国立特別支援教育総合研究所, 2012）。これらの多彩な問題は当然当事者の生活の質（Quality of Life; QOL）を大きく損なうことにつながります。特に思春期は知的障害のある人にとっては知的障害のない人以上に深刻な問題が生じやすい時期といえます。それは、年齢の上昇に伴って起こる適応の困難さに由来する二次障害が問題となってくる時期だからです。

　思春期に入ると知的障害のある本人を取り巻く環境は大きく変化していくこ

とになります。具体的には、対人関係の領域や生活範囲の拡大、社会的場面に関与する機会の増加、家庭における役割や求められることについても変化することになり、周囲の環境に大きな変化が起こります。さらに、身体能力の向上や、第二次性徴の出現など、思春期を迎え身体的にも精神的にも発達的な変化が表れてきます。この大きな変化の時期に、知的障害のある人はしばしばその変化に柔軟に対応することができず、結果として複雑かつ多様化した問題が表面化してくることになります。これが二次障害を引き起こす大きな要因の 1 つです。

　二次障害として起こる問題への対処は、まずはその症状に対してアプローチすることが推奨されています。これまでの研究からは、知的障害のある人の二次障害についても、認知行動療法に基づいた心理支援が有用であることが示唆されています（Graser et al., 2022）。本章では、知的障害のある思春期の子どもに対して行った認知行動療法の実践例を紹介することを通して、知的障害のある児童や思春期の人たちに対するメンタルヘルス支援の実際にふれてもらいたいと考えています。

2 ▪ 自傷を繰り返し行う中学生への心理支援

（1）クライエントについて

事例：14 歳、中学 2 年生、女児
主訴：繰り返される自傷行為、登校渋り
診断名：軽度知的障害、吃音症

（2）事例の概要

　クライエントである A さんは、中学 2 年生の女子生徒で、両親と姉の四人暮らしでした。小学校入学前には軽度知的障害であることが明らかになっており、小学校のときには特別支援学級と普通学級を行ったり来たりしていたものの、登校渋りや抑うつ症状、不安症状などの情緒的、行動的な問題が取り上げられることはほとんどありませんでした。しかし、帰宅後に友人と遊ぶことは少

なく、長期休みのときなどは自宅に引きこもりがちで、対人交流は乏しいほう
でした。学年が上がるにつれて、長期休みの期間などを中心にしばしば昼夜逆
転を伴う不規則な生活様式など、心理社会的な問題を呈するようになっていき
ました。小学生のときに行った WISC-IV の結果によると、全検査 IQ は 69 で
あり、IQ は境界水準から軽度知的障害の水準にあったものと考えられました。

（3）来談の経緯

　母親によると、A さんは中学校に進学後、徐々に学校に行くときの様子が
おかしいと感じるようになったそうです。朝起きたときからひどく緊張した様
子で、しばしば頭痛や腹痛を訴えるようになりました。また、小学校時代から
軽度ながら認められた吃音症が、この時期に一気にひどくなりました。母親は
心配して学校生活がうまくいっているのかを本人に尋ねましたが、「大丈夫」
と答えそれ以上何も話そうとしませんでした。母親は心配に思いながらも本人
が努力して登校していることを尊重し、それ以上本人にアプローチをすること
を止め、担任に対して A さんの学校での様子を気にかけて見ていてほしい旨
を伝えるだけにしました。担任はじめ学校側も A さんの様子を注視してくれ、
時折気分の波や登校渋りはあったものの 1 年を終えることができました。
　2 年生に進級して 1 か月ほど経過した頃、母親が学校から呼び出しを受けま
した。A さんがカッターナイフを学校に持ってきて自傷行為をしたというの
です。驚いて迎えに行った母親に対して、A さんは「つらいきもちになった
から手首を切った。死のうとは考えていなかった」と話しました。「何が辛
かったの？」と母親が尋ねても何も答えてくれませんでした。A さんの対応
をしてくれた養護教諭からは、医療機関で今回のことを相談するよう勧められ
ました。A さんの主治医である小児科医師が A さんから事情を聞いたところ、
「学校に行くのが辛い」「今のクラスが辛い、友だちも 1 人も居ない」と話しま
した。主治医が「もしかして、いじめられていたりするのかな？　だれかに辛
い目にあわされているとかがあったら教えて」と尋ねると、「別にいじめとか
はない。でも、学校は楽しくないから本当は行きたくない」と答えるだけで、
自傷行為のきっかけや理由などについては何も情報が得られませんでした。学
校は A さん本人と話をして「許可なく刃物を学校に持ち込まない」ことを約

束させ、クラスに復帰させましたが、今度は左手の皮膚をむしったり、机や壁に頭をぶつけたりするようになりました。母親や担任は主治医にも相談しつつ本人と何度も自傷行為のことで話し合いますが、目に見える改善は認められませんでした。

　そこで、学校と小児科の双方から紹介され、筆者の勤務する開業カウンセリングルームに相談が持ち込まれました。

3 ▪ 支援の実際

（1）初回面接

　初回面接は A さんと母親の 2 人で来談され、筆者が名前を呼んだときも母親が返事をし、2 人で来室されました。

　母親はこれまでの経過を筆者に詳しく話をしてくれました。その間、A さんはじっと黙ってうつむいていました。筆者は A さんに対して「お母さんはそういう風に教えてくれたけども何か付け足したいところや、ちょっと違うぞと思うところ、本当はこうだったのだと言えなかったことがあるならば是非教えてくださいね」と話かけたのですが、A さんの表情は相変わらず硬いままで首を横に振るだけでした。

　母親は、自身の不安を吐露するように自分がいかに A さんを心配しているか、A さんのためにこれまでどんなことをやってきたかなどを滔々と話し続けられました。

　「とにかく私はこの子が自分のことを傷つけることだけは何とか止めてもらいたいんです」

　〈大切なお子さんが自分で自分のことを傷つけるのは辛いものですよね〉

　「本当に毎日どうしてと思うんです。だから何が苦しいのと聞くんですけどもわからないと。わからないと言われたら私もどうしてあげていいのかわからないので……」

　本人からも話を聞きたいと思い、A さんに対して「お母さん、A さんのことが本当に大切で心配なんだね」と話をふると、A さんは強い吃音を示しな

がら「そ、そ、そ、そ、そ、そ、そ、そうかもしれないけれども、い、い、い、い、い、い、今は放っておいてほしい」とだけ答えました。母親はすかさず「そんなのできるわけないじゃない」と言い返しました。

　このように面接が開始して数分の間は母親の話が続き、Ａさんの表情がさらに固くなっていきました。表情だけではなく少し呼吸も浅くなり小刻みに身体が震えてだしてきたことが筆者から見てもよくわかりました。そしてＡさんは涙を流しながら面接室のローテーブルにガンガンと頭をぶつけ始めました。母親は「止めなさい」と言いながらＡさんを押さえつけようとします。しかし、Ａさんはすごい力でテーブルに頭を打ちつけます。筆者はＡさんの様子を観察しながら、Ａさんに自分のことばが入るかどうか声をかけました。

　「Ａさんごめんなさいね。お母さんと僕の話を聞いていてすごく苦しくなってしまったのだね」

　Ａさんの様子を確認すると、目は強くつぶっていたものの、反応が少し止まりこちらの声が聞こえている様子が感じ取れたことから、筆者は〈頭をぶつける以外の方法で、あなたの今の気持ちを落ち着けられるものを探してみよう。いろいろ試してみたいので協力してください〉と伝え、面接室の中にあったものを使って自傷の代替行動を探すことを試みました。紙に書き殴ってもらったり、消しゴムを渡して壊しても良いことを伝えてみたり、クッションを殴ってみてもらったり、コピー用紙やティッシュをちぎってみてもらったりしましたが、そのとき試したいくつかの行動には明確な効果はありませんでした。他に何かないかと考えていたところ、ゴミ箱に入っていたビニール袋に気づき、〈これをちぎってみてくれますか〉と話しをしました。すると、紙をちぎったときとは異なり、５分ほど黙々と細かく小さくビニール袋をちぎり続けました。〈落ち着いてきたようですね。紙よりもこちらをちぎった方が落ち着きやすかったかな？〉と尋ねると、Ａさんはこくりとうなずきました。

　〈いつもはあんな風になってしまったらどうやって自分のことを落ち着かせているの？〉

　「……で、で、で、できません。わ、わ、わ、わ、私もどうしていいかわからない」

　〈そうかぁ。じゃあ、今日袋を破ってみていつもと違って楽になったかな？〉

「は、は、は、はい。楽になりました」

やりとりを見ていた母親はキョトンとしています。その様子をみた筆者は母親に

〈いつもよりも早く落ち着くことができましたか？〉と尋ねると

「……はい。こんなに早く止められたことなんかなかったです」と答えました。

筆者はそこではじめてＡさんに対して、

〈では、あらためて。こんにちは。Ａさんが今日ここに来ようと思ったのはどうしてですか？　何か困ったことがあったからかな？　お母さんや先生から行った方がいいと言われたからかな？　毎日の中で辛いこと、しんどいことがあればなんでも教えてください〉と（ゆっくり話しかけることを意識して）声をかけました。

すると、Ａさんは中学生になってから自分が色々なところでクラスメートの負担になっていることを感じて苦しくなっていること、学校ではひとりぼっちで孤独を感じていることなど、現在の自分の状況と心情について話をしてくれました。途中で何度か呼吸が浅くなり、涙が出そうになった場面がありましたが、そのたびに〈深呼吸をして少し落ち着こうか〉〈また、ビニール袋を破ってみる？〉といった声をかけることで自傷行為に移行する前に収めることができました。

筆者はＡさんと母親に対して、頭をぶったり、カッターナイフで自分を傷つけることはＡさんにとっても痛いしケガにつながるし、母親もそのような姿を見るのは辛いので良くないことを確認しました。そして①今日できたように、ビニール袋を破るような別の方法に変えられるようにすること、②一方で頭をぶつけることは、Ａさんにとって難しい問題が起こっていてつらいときに出てくるものであり、自分を落ち着かせる大切な役目をもっていることを尊重すること、③一番大切なのは、辛い気持ちを落ち着かせたり、難しい問題に何か対処ができるようになれば、自傷行為に頼らずに済むようになれると考えられること、といった方針を説明し、紙に書いて共有して同意を得ました。そして、次回の面接からはＡさん本人との面接を中心に行い、最後の10分程度母親にも同席してもらうかたちで心理療法を進めることとしました。また、母親の希望もあり数か月に１回のペースで母親との面談も行うことにしました。

（2）本人に対する心理支援の過程

1）自傷行為のコントロール

2回目の面接*において、Aさんは自宅で過ごしているときに「わーってなったけど、頭ぶつけたり、カッターで切ったりしない日がありました」と報告してくれました。筆者は〈それはすごい。わーっとなったときはどうやって乗り切ったの？〉と尋ねると、「深呼吸をいっぱいしました。あと、止まらなくなる前に部屋に戻ってわーって泣いてました」と答えました。〈わーって泣いて頭を叩かずにすんだんだね。すごいね〉と伝えると「えへへへ」とはにかんだ笑顔をみせてくれました。

上記のような様子からある程度の信頼関係が成立してきていると判断し、Aさんの自傷行為について、応用行動分析学に基づいて「先行刺激（A）─行動（B）─結果事象（C）」の3つの点から分析するABC分析を行いました。

〈この間、頭をぶたずに過ごせたときと、頭をぶってしまったときで何が違ったのか一緒に分析してみたいのだけどいいかな？〉

「分析って、何するのですか？　むつかしいのはわからない……」

〈わからないと不安になるよね。僕がする質問に分かる範囲で答えてくれれば良いから心配しなくても良いよ。なにを聞かれているのかわからなかったら、遠慮なく教えてください〉

このように、Aさんから具体的な場面を話してもらいながらABC分析を進めていくと、Aさんが頭を叩きたくなるときは指示や質問をされた場面であることが明らかになってきました。Aさんは、そういった場面で質問の意図がわからず「どうしていいかわからない」と感じ、そのあと「どうしよう、どうしよう、どうしよう……」とパニックになってしまいます。そうしてパニック状態になると頭を叩いてしまうことがわかりました。この間、本人の中では

＊2回目面接時もAさんの会話では吃音が見られたが、読みやすさを考慮して省略している。

長い時間が経っているように感じていますが、実際にはほんの数秒間のことでした。頭を叩くとどうなるのかを確認すると、「叩くと頭がぽーっとしてきて何もわからなくなる」と話し、少なくとも 1 つの要因としてパニック状態から解消される（不快な感覚から逃避する）ために頭を叩いていると自覚していることが明らかになりました。頭を叩かずに済んだ日について確認すると、

「お母さんから学校に行くかどうか聞かれてなんと答えて良いかわからなくなったけれども、『どうしよう』とパニックになる前に深呼吸とビニール袋をやったら、少しだけ楽になった」「それで、部屋に行ってわーって泣いて、ずっと泣いてたら頭がぽーっとしてきて、そしたら楽になりました」と教えてくれました。

〈なるほど。頭を叩くことと、わーっと泣くことが同じような感じに感じられたんだね〉と確認すると、A さんはうなずいてくれました。

面接終わりに母親も含めた 3 人で振り返りを行ったところ、母親も、A さんが自室に入ることが増えたものの、母親の前でリストカットをしたり頭を叩いたりする回数は減少していると感じていました。母親も「こうやって変化を感じることができると私も少し安心します」と話したので、行動記録を母親と共有することを通して、A さんの行動変化を実感してもらい A さんと喜びあえるようにしようと考えました。

以上のように、面接初期では母子の間で自傷に至ったときの対処方法として有効なものは何かを探してもらいながら、自傷につながらないコミュニケーションの方法をどのように確立するかについて検討を行いました。この際に意識したのは「自傷行為を悪者にしない」ことです。

筆者は、〈頭をぶつけたり、カッターナイフを出したりしたときは新しい対処法を試すためのチャンスです。前はビニール袋が上手くいきましたが他にもいろんな方法でもっと良い効果が出る可能性があります。ぜひ事前に話し合っていただいてうまく効きそうな方法があれば準備をしておいてください。もしうまくいかなくても失敗というわけではありません。それはその方法は効果がなかったということの証明でしかありません。なのでお互いを責める必要はありませんよ〉と話をしました。そして、新しい対処法を試してみることを課題として、記録用のチャレンジ行動記録シート（図 6-1）を渡して記録をお願い

チャレンジ行動記録シート		
日づけ	チャレンジしたこと	チャレンジした結果

図 6-1　記録用のチャレンジ行動記録シート

しました。

　3回目の面接以降、A さんは毎日の生活で試してみたチャレンジ行動の記録シートを見せながら、行った対処行動とその効果について報告してくれるようになりました。効果があったもの、試したけれども上手くいかなかったものなどありましたが、効果があった場合もなかった場合も、振り返りながらその中から発見できたことを積極的に取り扱うようにしました。いくつかの方法を試した中で、A さんが最も効果があったと感じた対処行動は布を破るというものでした。布の切れ端を破る感覚は A さんにとっては心地よく、ビニール袋や紙では味わうことができない感覚で気持ちを落ち着かせてくれることがわかりました。

　そこで A さんは母親と相談し、普段から布きれを持ち歩くようにして、イライラして自傷行為に至ってしまいそうなときは布を破ってみることにしました。そして、布を破ったことで自傷行為を行わずに過ごせたときは、帰宅後に母親に報告してもらうようにしました。母親に対しては、A さんから報告があった場合、A さんの努力を賞賛してもらうようにお願いしました。母親からも「頑張ったことを褒めることができるのは気持ちが楽です。私自身この子

が頑張っていることが目に見えるようになったことで、追い詰められそうな気持ちが少し楽になりました」とポジティブなフィードバックが得られました。筆者も母親に対して〈褒めようと意識してもなかなかできない人もいます。そんな中で今できていることをしっかり賞賛されているのは素晴らしいと思います〉とポジティブフィードバックを返しました。

　このように、試行錯誤の中から布を破る対処法を見つけ出した結果、Aさんが自傷行為に至る回数は減少していきました。Aさんは心理療法を通じて自傷行為に至らないようにするテクニックを身につけることができるようになったのです。

　2）セルフモニタリングとコミュニケーション行動の訓練

　自傷行為への代替行動を確立させることと並行して、Aさんにとっての自傷行為の前兆となるパニックが起きやすい状況（先行事象）の共通点について検討していきました。具体的には自傷行為前の予兆となる出来事や自分の反応を発見することをテーマとして対話を進めていきました。これまでの面接の中で、パニックを起こす状況については「質問や指示をされたとき」ということで確認がとれていましたが、同様の状況においてもパニックにならずスムーズに対応できるとき、パニックになるも対処行動を行ってうまく対処できるとき、パニックになって対処行動をとれずにそのまま自傷行為を始めてしまうときの3つのパターンがありました。このようなパターンの違いがどこから生じているのかについてAさんと共に検討をしました。

　〈この日はうまくいったんだね。この日パニックにならずにうまくいったのは何が良かったのだろうね。この間頭を叩いてしまったときとは何か違うことがあったのかな〉

　「どうだろう。よくわからない」

　〈そうか。よくわからないか。じゃあ僕と一緒に何が良かったかについてここで考えてみよう〉

　「うーん……」

　〈もしかして、今ちょっとパニック起きそうになっているのでは？〉

　「……いまは大丈夫」

　〈そうなんだね。今はどうして大丈夫だと思ったの？〉

「先生は待ってくれるから」

　これらのやりとりから A さんは筆者との心理療法においては尋ねられたことが理解できなかったり、何を回答してよいかわからなくなったとしても、『相手は待ってくれる』という意識があることがわかりました。一方で何を質問されているのかわからず、相手からの質問に明確な回答ができず、会話の相手が不快な表情をしていることが気になってしまうときにパニックを起こしたり自傷行為をしてしまうことが確認されました。つまり、A さんの自傷行為には質問に答えるという本人にとって困難な課題から逃避できる機能をもっている可能性があると考えられました。そこで、自傷行為を止めるだけでなく、効果的に回避ができたり、コミュニケーションがとれたりするようになることを目的としたコミュニケーション訓練を実施することにしました。

　コミュニケーション訓練とは、本人にとって望ましい結果（強化子とも呼びます）を直接得るためのコミュニケーション行動を身につける訓練のことを言います。A さんの場合には、困難を感じる課題を出された状況（回答が難しい質問を投げかけられたり、概念的なことばで説明を求められたりする場面）において、適切なコミュニケーション行動を行うことによりさらに質問されることがなくなったり、それ以上の説明を求められることがなくなれば頭を叩くなどの問題となる行動を減少させることが期待できます。そこで、筆者と A さんは、「少しお待ちください」「もう一度質問を教えてください」「すみません、答えられません」などのカードを作成し、質問されたときにそれらのカードを呈示することで対応するというコミュニケーション訓練を面接室の中で行いました。最後に課題として、自宅において両親との会話時に完成したカードを使って会話を試してみるようにしました。コミュニケーション訓練を実施した結果、A さんが両親の前でパニックを起こす回数は激減し、カードを呈示することで回答を待ってもらったり、質問の意図を説明してもらうようにお願いすることができるようになりました。また、カードを読むようにすることで、発話によって意思を伝えることもできるようになっていきました。

　また、自宅でイライラして頭を叩こうとしたときには、自室に一定時間隔離する“タイムアウト法”も試してみました。タイムアウト法とは問題行動が起きたときに短時間（一般的には 5 ～ 15 分程度）強化子に触れる機会を撤去する

方法のことを言います。初回面接のときにも見られましたが、A さんが自傷行為を行うと母親からの何らかの介入がありました。母親としては我が子が頭を叩き続けるのを見ていられず、なんとかして止めたいと思っていますのでそのような反応をするのは仕方がありません。そこで、母親が出す反応のどれが自傷行為の強化子になっているのかを細かく分析するよりも、タイムアウト法によって一次的に隔離を行い強化子の呈示から逃れることができるようになることを狙いました。タイムアウト法を導入する際には本人と保護者に対して事前に実施する手続きを説明し、同意を得ました。特に母親に対しては懲罰的な意味で行うものではないこと、5 分程度の隔離から始め、落ち着いたのが確認できれば速やかに隔離を止めること、別の方法で A さんが自分の意思を伝えることができたらそのことを賞賛すること、など実施についての注意を繰り返し伝えました。これらの介入の結果、A さんが自分の頭を叩くことはほぼなくなりました。さらに、"いろんなことを家族に伝えることができるようになってきた"とコミュニケーション行動が豊かになっていることを自覚していることが本人からも報告されました。

　家族に自分の考えを伝えることができるようになったことによって明らかになってきたこととして、A さんが自分の体調変化について自覚できていない、すなわち体調についてのセルフモニタリングができていないということがありました。例えば、行事が続くことや、普段と異なる環境で作業をすること、学校での勉強が新しい単元や課題に入ったときになると、A さんは帰宅するとすぐに自室にこもっていました。母親によると、家族はそういったときには「疲れているのだろう」と考えていたそうですが、A さん自身にはその自覚はありませんでした。しかし、実際には、疲れて自室にこもる日には家族に対して感情的になることや、自傷行為に至ることが多くなることがわかりました。そこで、A さんと母親で「体調当てゲーム」を実施してもらうこととしました。

　体調当てゲームとは、A さんには自分の気分や体調について、母親には母親から見た A さんの体調について別々に 10 点満点で評価を行ってもらい、できるだけ同じ値になることを目指すゲームです。体調当てゲームの具体的な進め方は以下の通りです。最初にトランプなどの数字が書かれたカードを用意し

ます。A さんたちはトランプを用いて行いました。朝や夕食後など 1 日の決まった時間にそれぞれが対象者（この事例では A さんです）の体調について 1 点が最低、10 点が最高として点数をつけます。そしてお互いがつけた点数を開示してどの程度一致しているかを確認します。点数を開示したのち、なぜその点数をつけたのかについてお互いの考えを伝え合います。このゲームを通して家族と A さんが、互いに A さんの体調を評価する際の基準を共有できるようになってほしいと考え実施してもらいました。できるときには、朝・帰宅後・夜の 3 回、最低でも帰宅後の 1 回は実施をしてもらったところ、1 か月経過する頃には、おおよそ一致した点数を報告してくれるようになり、A さん自身「こういうときは疲れているから休んだらいいのだとわかりました」と答えてくれるようになりました。これらの介入の結果、頭を叩く、リストカットなどの自傷行為はほとんど見られなくなり、A さん自身が自分の体調の善し悪しを判断しながら適切に援助を求めることができるようになりました。

　残念なことに、面接期間中 A さんにはクラスの中に親しい友人はできませんでした。しかし、学校においても自傷行為は見られなくなり、自分で体調がよくないと感じたら保健室に行って少し休んだり、養護教諭と話をして気持ちを落ち着かせることができるようになりました。本人も「頭やお腹が痛くなる回数は減った」と話してくれました。保護者からの報告では、担任も A さんの状態が安定していると感じているとのことでした。A さん自身も「学校は好きではない」ことは変わらないものの、「今は辛いとは思っていない」と述べ以前のような負担感は感じなくなったようでした。

（3）母親に対する心理支援の過程

　この事例には実はもう 1 人クライエントがいます。それは A さんの母親です。初回面接における最初の場面で語りが止まらなかったことからもわかるように、母親は A さんの問題行動に上手く対応ができないことに苦悩し、不安を抱いていました。初回面接で母親が訴えたのは、今まで A を支えるために自分がどれだけ努力をしてきたかということでした。実際、A さんの生活における様々なサポートを中心的に行っていたのは母親であることは間違いなさそうでした。しかし、今までは有効であった母親のサポートは今回の場合では

かえって問題を大きくすることにつながっていました。A さんにとって母親がプレッシャーにならないためにも、親子の相互作用を整えることは大切な介入目標でした。

　先にも記したように、母親への支援は、A さんとの面接時間の終わりの 10 分を利用して行いました。そのため基本的な面接テーマは、①その日のセッションで A さんと共有した内容の確認（本人が話して良いとしたことのみ）と②ホームワークの説明という 2 つのポイントを共有することでした。また、数か月に 1 回 50 分の面接を行い、母親自身の状態を確認しつつ、普段の面接の中では取り上げられない問題を話し合うこととしました。

　母親との面談は基本的にはペアレント・トレーニングとして行われました。いわゆる応用行動分析学の基本に則り、①具体的な行動をターゲットにして、②ポジティブな側面に目を向けるようにして、③自己強化によって行動が拡大していくことを目指すように取り組みました。

1）具体的な行動をターゲットに

　初回面接で A さんの自傷行為に対して筆者がその場で様々な代替行動を試してもらった場面は、母親にとっては大きな驚きだったようでした。実際、母親は A の自傷行為が収まった後に、「こんなに早く止められたことなんかなかったです」と述べ、何が起こったかについて興味深そうに尋ねてきました。筆者は A に対して説明したのと同じように、具体的な行動と前後の環境変化を 1 つの塊で確認する ABC 分析を説明しながら、"頭を叩く" という行動の働きを別の行動に置き換えてもらう手続きについて母親にレクチャーしました。

　ペアレント・トレーニングの基本原則は、具体的な行動をターゲットとし環境に働きかけることで行動の変容を促していくことです。A さんの場合には、「頭を叩く」という行動をターゲットとし、その前後で何が起こっていたかを分析することで、別の行動への置き換えを模索しました。実際の面接時には提案したもののまったく効果のなかった行動もありました。しかし、そうやって筆者が試行錯誤を繰り返しながらより適応的な行動を見つけたことが母親にとって A さんとの関わり方のモデルとなりました。母親が述べた「間違えてもいいんだ。色々試してみていいんだって思いました」という感想の中に、母親の A との関わり方についての変化の萌芽が見て取ることができると思いま

す。

　また、具体的な行動をターゲットにすることは成果を実感しやすいという利点もあります。実際に自傷行為の減少、代替行為の増加が具体的に確認できたことは、A さん本人はもちろん、母親にとっても達成感を抱かせることにつながりました。

2）ポジティブな側面に注目する

　2 回目以降のセッションにおいては、A さんにはチャレンジ行動記録シートを通して自傷行為の代わりになる行動を探してもらい、母親に報告してもらうようにしました。母親の側から見ると、これまで見えづらかった「A さん自身が頑張っていること」が可視化されるようになりました。このことによって、母親は A さんのことを自然に褒めることがやりやすくなりました。また、上手くいかなかったときについても責めるのではなく、どこでつまずいたのか、どんな課題が明らかになったかに注目できるようになりました。

　問題行動を見る視点も変わっていきました。筆者との面接が始まるまでは、母親にとって大切なことは A さんの問題行動を止めさせることでした。しかし既に述べたとおり、学校の中がストレスフルであった A さんにとって自傷行為は大切なストレス対処法の 1 つでした。自傷行為が本人にとって意味がある行為であることを認めた上で、自傷行為の減少を目標にするのではなく、周囲からも受け入れられやすい適応的な行動のレパートリーを増やしていくことを目標に設定しました。これによって、母親は問題の原因を探ろうとすることに固執しなくなり、A さんの QOL が上昇するためにどのようなサポートができるかという視点で関わることができるようになりました。

3）本人に任せていく

　知的障害や発達障害のある子どもと保護者の間でしばしば見られるのが保護者の過干渉です。A さんと母親の間においても過干渉は大きな問題でした。筆者との面談のセッティングに主導的な役割を果たしたのも、初回面接で積極的に問題を訴えたのも母親でした。14 歳という年齢は親の干渉から離れたくなり、親をはじめとした大人に対して反抗的な態度をとることがあっても何ら不思議ではない時期です。ですが、知的障害の影響もあり、母親はできるだけ A さんの生活に関わろうとしていました。そして、負担には感じていたのか

もしれませんが、A さんもそれを受けいれていました。

　母親との面接で確認したのは、A さんの自己決定を尊重し、周囲が率先して手助けをするのではなく、本人の自己決定にできるだけ任せていくということでした。本人に任せていくということは母親自身が、自分の抱える不安に対峙していくことでもありました。筆者との面接の中で母親は「自分が助けてあげたいだけだった」と話しました。しかし、それでは A が真に自立して生活していくことにはつながりません。自身のもつ問題について、自分が選び、試してみて、その結果を受けいれることを通して、A さん本人が解決していく力を身につける。母親はそれをサポートしていくことが大切であるということに気づくことになりました。

4 ▪ 事例の考察

　本事例は、知的障害の影響もあって起こった学校不適応をきっかけに、自傷行為などの問題行動（強度行動障害と呼んでもよいかもしれません）が出現した思春期女子に対して行った心理支援の経過をまとめたものです。この事例では、初回面接中に出現した自傷行為を観察することを通して自傷行為のアセスメントを行ったことにより、早い段階で自傷行為をコントロールすることに成功しました。もちろん目の前で自傷行為が出たときには筆者も緊張しました。しかし目の前で標的となる症状が出現しているというのは対応するセラピストにとっては何が起こっているのかを把握する上でこれ以上ないチャンスです。事前の状況はどうだったのか、その症状が出現しているときに周囲はどのように対応しているのかなどを確認することができ、リアルな ABC 分析を行うことができました。この事例においてはストレスコーピングと葛藤回避の機能があることが想定できたことから、その場にあるものを活用してストレスコーピングとして活用できそうな代替行動の確立を目指しました。面接経過でも記しましたが初めから適切なストレスコーピング行動を発見できたわけではありませんでした。先入観にとらわれず、その場にあるものを何でも活用し、トライアンドエラーを繰り返しながらなんとか糸口をつかむことができました。1 度そのような体験を積んでもらうことは A さん自身が色々なストレスコーピン

グ行動にチャレンジすることの動機づけとなりました。

　またこのように試行錯誤を繰り返しながら、より適切な行動を形成していく作業を母親に見てもらったことは母親自身のAさんへの見方を変容させることにもつながりました。面接での体験を通して、自傷をやめる・やめさせることに中心が置かれていた母子のコミュニケーションが、より良い行動を発見するという点に変わることになりました。このように、行動変容、解決に向けた取り組みに話題の中心を置くことは、個人の性質や障害特性などに原因を帰属させる「個人攻撃の罠」にはまらず、建設的に問題に取り組んでいくためには非常に有用だと考えています。

　事例の経過からもわかるように、二次障害である自傷行為が落ち着いてきたことでAさんの本質的な問題であったコミュニケーション行動の課題を取り上げることができるようになりました。Aさんの自傷行為には質問を終わらせたり、コミュニケーションを先送りにする機能がありました。この機能はとても大切なものであり、自傷行為がコントロールできるようになったところで代替となるコミュニケーション行動がなければ、おそらくすぐに元通りに戻ってしまっていたことでしょう。コミュニケーション訓練を通して適切なコミュニケーション行動のレパートリーが増えていくことは、Aさんの今後の社会適応やよりよい親子関係の維持を考えても重要な課題であったと考えられます。

　本事例の特徴の1つに相談者が思春期であるということが挙げられます。思春期は児童期よりも周囲（社会）から求められることのレベルが上がり、知的障害がある人にとっては適応に困難をきたすことがあります。一方で、知的障害の存在から過剰なサポートが提供されることにより、自己決定の機会を制限されてしまい、かえってストレスフルな状況になることがあります。しかし、それは本人の意向を無視した周囲の独善的な行為となってしまっているかもしれません。コミュニケーション行動を増やし、意思決定を支援していくことにより、年齢相応の課題に取り組んでいけるように保護者と距離をとれるようにしていくことは、本人の社会的自立の点からも重要な介入となると考えられます。こういった点を支援していくためには本人だけではなく保護者に対してペアレント・トレーニングを行っていくことも効果的だと考えられます。

　最後に、本事例を実施する上で知的障害の存在を意識した上で行った工夫について述べたいと思います。本事例において知的障害を意識して行った工夫としては、具体的な行動に焦点を当てたこと、伝達方法や課題にイラストや数字などを用いたこと、保護者に対する支援に力を入れたことがあります。特に保護者の参加は、一般的な思春期のクライエントにとっては本来は希望されない形であるといえるでしょう。繰り返し述べたように知的障害のある思春期のクライエントの場合は保護者の過干渉がテーマとなる可能性が高いことから、保護者に対する支援も同時並行で行っていく必要があります。しかし、これらの工夫は知的障害の有無によって決定されるというよりは、クライエントの発達に配慮した工夫であるといえるかもしれません。そういった意味では、発達途上にある子どもを専門とするセラピストにとっては極めて自明のことが述べられている可能性もあります。本事例の経過は知的障害がある人への特別な配慮に言及できるものではないかもしれませんが、知的障害のある人に関わったことがないセラピストにとっても、今の自分たちができる支援のあり方を考える材料となれば幸いです。

引用文献

Graser, J., Göken, J., Lyons, N., Ostermann, T., & Michalak, J. (2022) Cognitive-behavioral therapy for adults with intellectual disabilities: A meta-analysis. *Clinical Psychology: Science and Practice. Advance online publication.* https://doi.org/10.1037/cps0000077

国立特別支援教育総合研究所 (2012) 発達障害と情緒障害の関連と教育的支援に関する研究─二次障害の予防的対応を考えるために─. 専門研究 B 報告書.

Mazza, M. G., Rossetti, A., Crespi, G., & Clerici, M. (2020) Prevalence of co-occurring psychiatric disorders in adults and adolescents with intellectual disability: A systematic review and meta-analysis. *Journal of Applied Research in Intellectual Disabilities*, **33**(2), 126-138.

Vereenooghe, L., Flynn, S., Hastings, R. P., Adams, D., Chauhan, U., Cooper, S. A., & Waite, J. (2018) Interventions for mental health problems in children and adults with severe intellectual disabilities: a systematic review. *BMJ open*, **8**(6), e021911.

第 **7** 章

知的障害のある青年の
自立を支える施設での心理支援

榎本 拓哉

　知的障害の有無を問わず、地域社会の一員として生活を送るためには就労の継続と基本的な身辺自立の技術を身につけることが求められます。基本的な身辺自立の技術は、就労の継続に関する健康管理や家事だけでなく、金銭の管理やトラブルを解決するための相談スキル、行政サービスを利用するための書類作成スキルなど多岐に渡ります。知的障害のある児童・生徒が自立のための基本的な身辺自立の技術を身につけるために、特別支援学校では自立活動の授業があります。しかし、特別支援学校では教科学習、就労能力・技術の開発と多くのカリキュラムが組まれており、卒業までに身辺自立の技術の全てを身につけることが難しい場合もあります。加えて、知的障害のある児童・生徒は学校や家庭で身につけたスキルを応用することに困難を示すこともあり、実際に生活する場である「地域」の中で生活に関するスキルを獲得・発揮する練習を行うことが必要な場合があります。そのような福祉サービスを自立訓練施設で受けることができます。本章では、知的障害のある青年の自立を支える宿泊型自立訓練施設での心理支援の事例を紹介していきます。紹介する事例では、青年期以降の知的障害のある人がもつ特有のメンタルヘルスの課題や、心理支援を展開する上で配慮すべき要素が散見されました。今回は4つの事例を通じて、知的障害のある人に特徴的な心理的課題とそれを解決するための心理支援の工夫について述べていきたいと思います。そして最後にまとめとして知的障害のある青年の自立訓練施設での新しい心理支援のあり方について考えていきます。

1 ■ 自立を支える施設の特徴

　自立訓練施設は 2005 年の障害者自立支援法の公布によって定められた社会
福祉施設です。自立訓練施設では知的障害または精神障害のある人を対象に、
地域生活で必要となる技能・知識の獲得を目指したプログラム（生活訓練）を
提供しています。その中でも、宿泊型自立訓練施設は『通勤寮』と呼ばれるこ
ともあるように、共同生活をする中で地域生活の準備を行う施設となります。

　就労の安定、周りの人との関係づくりや休みの日の使い方、日頃の自分の生
活、健康管理に関することなど、地域で暮らす力が身につくよう本人にわかる
ようにアドバイスし、ときには一緒になって行いながら、社会的な自立を図る
ことを目的としています。利用の条件は施設によって様々ですが、概ね「就労
している、もしくは就労が決定していること」「障害者手帳を所持しているこ
と」などが条件となる場合が多いようです。今回紹介する事例は、全て大都市
圏近郊にある宿泊型自立訓練施設で行った実践です。その施設の利用者の年齢
は、17 歳から 40 歳前後でした。また、知的障害の程度は中等度〜軽度の人が
多く、平均 2 年〜 3 年程度で卒寮し、その後は一人暮らし、グループホームへ
入所する人がほとんどでした。宿泊型自立訓練施設では、社会福祉士などの資
格をもった専門の支援員が常駐しており、利用者の勤怠管理、金銭管理、年金
申請などの公的手続きから、余暇の過ごし方、人間関係などを含む幅広い生活
指導を行っています。利用者は原則として 2 名 1 部屋で生活しており、朝・夕
飯は寮の食堂で食べるなど、集団生活が強調されているように感じました。ま
た、掃除、洗濯などの家事は自分たちで行うなど、施設の中では『自立』とい
うことに重きがおかれていました。近年、この施設において利用者に心理的な
問題の訴えが多いこと、支援員が対応しきれない生活上、行動上の問題が多く
なったことから、心理師の派遣要請があり、筆者が勤務することとなりまし
た。

2 ■ 軽度知的障害のある人を対象とした施設での 心理支援の事例

　宿泊型自立支援施設で知的障害のある人に心理支援を行う中で、『知的障害があること』『知的障害の当事者として支援を受けてきたこと』から特有の傾向や体験があることを見出しました。そこには、いわゆる「療育」や「特別支援教育」といった文脈では筆者が見ることのできなかったたくさんの気づきがありました。紹介する事例から見出された軽度知的障害のある人の心理的な課題、そしてその課題への心理支援の工夫を整理していきます。各事例は個人情報の観点から詳細については記述していません。また、いくつかの事例を合わせて再構成しています。文章の「　」は相談者の発言、《　》はセラピストの発言として記述します。

3 ■ 事例①：暴言や暴力行動を示す A さんのケース

（1）相談までの経緯

　A さん（男性、面接当時 18 歳）は知的障害特別支援学校の高等部を卒業し、すぐに自立訓練施設に入所した方でした。A さんは入所後すぐに他の利用者へ暴言を吐くことや、物を投げるなどの他害行動を示していました。そのような生活態度について施設支援員が指導すると、「相手が最初に手を出してきた」「俺はちょっとムカついたことを伝えただけだ」など強く反論するため、支援員からは反省する様子が見られず自己内省ができていないと判断されていました。筆者が新規入寮者に行う面接の際、A さんから「ちょっとしたことでもイライラする」「ストレスが溜まっている」との訴えがありました。また、支援員からも「どうやっても自分の怒りを抑えることが難しい様子である」「自分の怒りが抑えられるよう、専門家から本人にアドバイスしてほしい」との要望もあったので、定期的に面接することになりました。

（2）初期段階の面接

　A さんは特別支援学校の高等部に在籍しているときからスクールカウンセラーや担任の先生と面談することが多かったようで、セラピストとの面接もスムーズに開始することができました。本人は言語表現が得意な様子で、自分が起こしてしまったトラブルの原因や、本当は何をすべきだったのかも詳細に語ることができていました（例えば、「本当は怒鳴るつもりはなかったけど、"やっぱり口だけかよ"の一言で抑えられなくなった」「（やってしまったら）また支援員に怒られて面倒だなぁと思ったんだけど、やっぱり止められなかった」など）。支援員からの"自己内省ができていない"という報告に違和感を覚えたため、A さんに《私には上手に説明できるのに、支援員さんには違うんですかね？》と聞くと、A さんは「だって、支援員は自分のことしか考えてないから」と答えていました。《自分のこと？》「先生みたいな人は、すぐに"お前なら頑張れる"とか"でも、まずは社会でやっていくために我慢だろ"しか言わない」と、指導する人への苦手意識が A さんから語られました。

（3）面接の展開

　自己内省と自身の思考に敏感であり、表出もできることから、A さんの思いを聞き出し"なぜ指示する人にイライラしてしまうのか"というテーマで面接を行なっていきました。その中で A さんは、家庭環境が悪く、父親がいつも勝手に A さんの進路などを決めてきたことを語り始めました。本人は萎縮してまったく口答えできなかったため、A さんの中には"目上の人は自分のことを決めつける"といった意識が芽生えたようでした。また、家族のことを中学部や高等部の先生に話をしたこともあったようですが、「それより、お前はイライラを抑えられないとダメだろ」「八つ当たりで物を壊すのはダメだろ」など逆に指導されてしまい、「（目上の人に）話しても無駄」だと思った体験を語っていました。そこで、【思いの羅列】のワークを行いました（図 7-1）。これは第三世代認知行動療法である Acceptance Commitment Therapy: ACT で用いられるワークです。あるワードから自由に連想を書き出していき、自分の思いが関係ないことばや人にまで過剰につながってしまうこと（ACT では

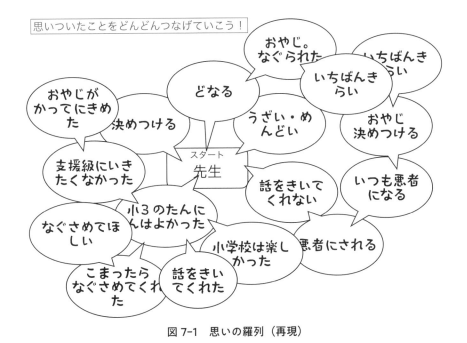

図 7-1　思いの羅列（再現）

フュージョンと呼んでいます）への気づきを促すものです。数回の練習の後、
"自立施設の職員さん"からの連想を行いました。その中で、"指示がうざ
い""先生や親と同じ"というフュージョンが確認できました。そこから《支
援員さんって親と同じなの？》や《先生ってどこの先生？》など確認していく
中で、「（支援員さんは）親みたいな無茶苦茶は言わない」といった発言や「あ
の先生はここにはいない」といったフュージョンの解体（脱フュージョン）が
語られるようになっていきました。

（4）面接の終結

　【思いの羅列】のワークをAさんは気に入り、何かイライラしたことがある
たびに「またワークやっていいですか？」と聞いてくるようになりました。
ワークをする中でAさんは「（トラブルの相手よりも）口だけだろってことばが
嫌なんだってわかった」など、セラピストが驚くような気づきを語っていきま
した。それに合わせて、支援員より叱責を受けた際に「そんなに言わなくても

いいじゃん」と怒りではない伝え方で不満点を伝えることが多くなったとの報告がありました。他の利用者とのトラブルはありましたが、「やっぱりその場にいると許せなくなるから、ちょっと離れてみる」といった本人なりの工夫を自分で考えられるようになっていきました。トラブルがあった際に単発での面接を利用することはありましたが、定期面接は約 6 か月ほどで終結となりました。

4 ■ 事例②：周囲への批判を繰り返す B さんのケース

（1）相談までの経緯

　次は初めて心理面接を利用することになった B さんのケースを紹介します。B さんは 30 代の男性利用者でした。公立の普通科高校を卒業した後、地元の企業に事務職として就職した方でした。しかし、仕事でのミスが続き何度も転職を繰り返していました。20 代中盤に精神科を受診し、軽度知的障害の疑いから障害者手帳を取得することとなりました。面接開始時は障害者雇用で配送の仕事に従事していました。ゆくゆくは一人暮らしを希望していることもあり、宿泊型自立訓練施設で自立のための練習をしたいと入所されました。B さんはとても礼儀正しく、廊下などですれ違う際にも「お疲れ様です」と立ち止まって礼をするような方でした。しかし、他の利用者がルールを破ることなどが許せず、「なんでそんなことをするんですか！」と強く叱責してしまったり、「君は寮生活にいてはいけない！」と面と向かって告げてしまうことが多く見られました。支援員が注意しても「悪いことしているんだから、これはダメなことです」と受け入れることができないとの報告もありました。本人に心理相談のニーズはありませんでしたが、支援員が "話をすると楽になるよ" と本人に話し、半ば説得するような形で面接につながりました。支援員さんからの主訴は "もう少し他者に寛容になってほしい"、"怒りをコントロールできるようになってほしい" の 2 点でした。

（2）初期段階の面接

　Bさんは面接でも普段と同様に「よろしくお願いします」と非常に礼儀正しい態度でした。主訴を確認すると「いや、私が悪いんですよ」や「反省しています」「次は頑張ります」の発言が多く、本人が困っていることなどを聞いても「ないです。元気にやっています」と即答していました。セラピストが《何が悪かったんですかね？》など、内省を促す質問をすると「大きな声を出してしまったことです」や「暴力はいけませんよ、やっぱり」などの本質からずれた答えが返ってきました。《Bさん、ここでどんなことが話したいですか？》「あー……うまく生活できるようになりたいです」と答えたことから、心理面接を学校での生活指導のように捉えているのではないかと感じました。また面接内で他の利用者や支援員との出来事を説明してもらうと、1週間前の出来事と昨日の出来事が混ざってしまうなど、時系列を整理することも難しいようでした。しかし、セラピストと話すことで少しずつ整理され、何があったのか本人も把握できるようになっていることも感じられました。

（3）面接の展開

　セラピストは、まずBさんに"心理面接は自分の思ったことや感じたことを自由に表現する場である"ことを体験してもらおうと考えました。セラピストは何度か《ここでは何を話してもいいし、普段言ってはいけないことも話していいんですよ》とBさんに伝えましたが、「はい、わかりました」との返事だけで体験として伝わっていないと感じていました。そこで【トピックストーク】というワークを行いしました（図7-2）。トピックストークは、1つのお題に対して、思っていること、知っていること、意見など、どんなことでもいいから話してみるソーシャルスキルトレーニングで使用される教材です。Bさんの好きな鉄道、ドラマ、アイドルを導入として設定し、セラピストもお題に対して《あんまり知らないから、話せることないんですよ》《乗り換えが面倒で、あんまり好きじゃないんですよね》などの自己開示を含め、自由に表現して良いというメッセージをBさんと共有しました。Bさんも「いや、僕は大好きです」や「（セラピストは）わかってないですね」など、日頃とは全く異な

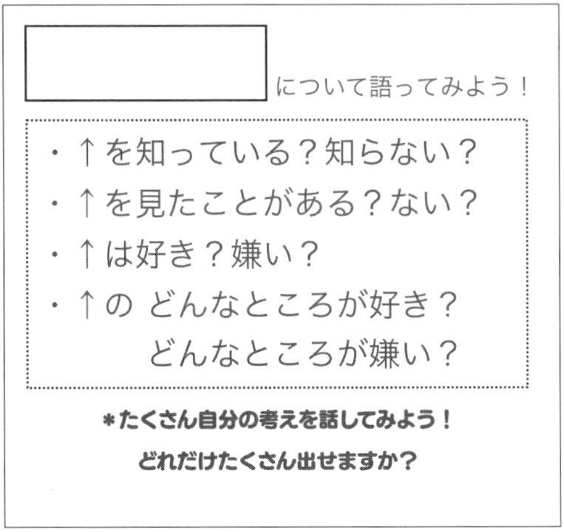

について語ってみよう！

・↑を知っている？知らない？
・↑を見たことがある？ない？
・↑は好き？嫌い？
・↑の どんなところが好き？
　　　　どんなところが嫌い？

＊たくさん自分の考えを話してみよう！
どれだけたくさん出せますか？

図 7-2　トピックストーク

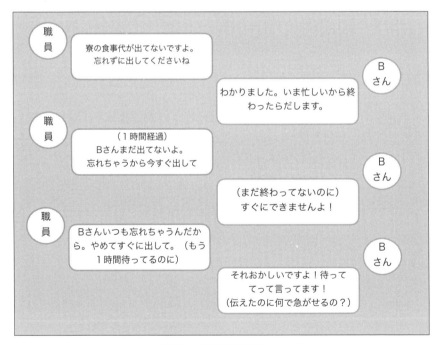

図 7-3　出来事整理シート

る姿を表現するようになっていきました。1か月（4回）ほど続けた後、トピックストークのお題を“他の利用者”や“支援員さん”にしたところ、《ずるばっかりする人が多くて疲れます》《いいかげんにしてほしいです》など、Bさんが感じていることをそのまま言語化してくれるようになっていきました。

　Bさんの本音が語られるようになったため、次に時系列を整理するための【出来事整理シート】を導入しました（図7-3）。これはスマートフォン向けメッセンジャーソフトのように、“相手”と“自分”がどのような発言をしたか、どんなことがあったかを上から下に向かって時系列を追えるように作成したものです。セラピストはBさんの発言を聞きながら、ときには《それはいつのことでしたっけ？》などの質問を挟みつつ、順序を入れ替えるなど、整理の補助も行いました。時系列シートが完成すると「そうそう、こうなってました。すごくわかりやすい」とBさんもすっきりとした顔を見せていました。

（4）面接の終結

　心理面接が進むと、Bさんの実際の思いや考えを面接で聞き出すことができるようになりました。そして出来事整理シートを利用することにより、Bさんも自分の行動をより正確に振り返られるようになっていきました。出来事を整理するとBさんより「これ、ちょっと言い方が優しくなかったです」「謝っておくのが大人ですよね？」など、自分から対処行動が述べられるようになりました。面接通りにできなかった場合には、再度どうすればよかったか？　この後どうするか？　を出来事整理シートを利用しながら検討を深めていきました。結果、支援員からも『最近は自分からその場を離れたり、手紙で“（それはルール違反だから）改めるべきです”と伝えるだけで納得するようになりました』との報告が見られました。本人も「まずは自分でやってみます」「ダメだったらまた整理させてください」と申し出があり、面接を約4か月（17回目）で終結としました。

5 ▪ 事例③：職員とのトラブルが表面化した C さんの ケース

（1）相談までの経緯

　3つ目の事例として、支援員とのトラブルが表面化した C さんとの心理面接を紹介します。C さんは 20 代後半の女性利用者でした。知的障害特別支援学校の高等部を卒業後、都内の企業で清掃の仕事をしていました。仕事にも慣れてきたこともあり、そろそろ実家を出て一人暮らしをしたいと考え、宿泊型自立支援施設に入所されました。C さんは明るい性格で趣味も多く、すぐに他の利用者さんと仲良くなっていました。セラピストとしては、自由時間に談話室でいつも誰かと笑顔で会話している姿が印象に残っています。そんな C さんでしたが、入所して 3 か月後くらいから暗い顔やイライラした様子を見せることが多くなっていました。セラピストが声をかけると、「ちょっと相談したいことがあるんです」と本人から切り出してきました。面接室で話を聞くと、担当の支援員と合わない、もう寮をやめたいということを訴えていました。「あの人（担当の支援員）、すぐに嘘をつくんです」「信用できない」「（嘘を訴えても）謝らない」と不満点を一方的にセラピストに投げかけてきました。本人も定期的に相談したいというニーズも確認できたため、定期面接となりました。

（2）初期段階の面接

　初期の面接では C さんからは「支援者さんから嘘をつかれて傷ついたこと」「もう一切信用できないこと」が強い口調で語られていました。状況を聞いても、「反省の色がない」「言うことがよくわからない」といった。自分から見た支援者の様子のみに終始してしまい、客観的な状況があまり伝わってきませんでした。どうやら、支援員が自分の言ったことを認めない、そのことが許せないと訴えていました。状況がわからなかったので《支援員さんにも話を聞いてみていいですか？》と提案すると、「それはいいです。嘘ってわからせてやってください」と返事がありました。

　Ｃさん担当の支援員に話を聞くと、日課の予定が変わったときのことだと思いますと話してくれました。提出物や寮のイベントが変更になってしまったことをＣさんに伝えたときに、「なんでですか！」「裏切りですね」「もう信頼できません」とＣさんがなかなか納得しなかった様子だったので、「共同生活の場だから予定変更もあることを伝えたのですが、本人は納得していなかったんですね」と支援員は話していました。

（3）面接の展開

　初期の面接と支援員の情報から、Ｃさんは表現の仕方や伝え方が独特なことばになってしまい、支援員も誤解してしまっていることが示唆されました。そこでＣさんが本当に伝えたいことをセラピストと共有することを目的に【相手に一言／本当の気持ち】というワークを利用してみました（図7-4）。

　【相手に一言／本当の気持ち】は、相手に伝えたいことば、してほしいことを書き出すことで、自分の気持ちや思いに気がついていくワークです。まずはＣさんの身近な方（お父さん、お母さん、きょうだい、寮の友だち）からスタートし、職場の上司、同僚など少し距離の遠い人たち、そして問題となっている

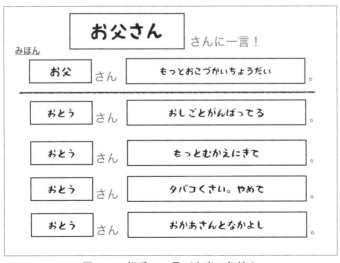

図 7-4　相手に一言／本当の気持ち

支援員の順番でワークで扱っていきました。C さんも B さんと同様に文字な
どの視覚的な情報に苦手意識をもっていなかったこともあり、楽しんでワーク
を行うことができました。C さんはワークを書きながら、「（お父さんに対して）
お迎えにもっと来てほしい」「お仕事がんばっている」「タバコは臭い。やめ
て」など、感謝や要望、変えてほしいことなどをことばでも語っていました。
1 回の面接で 1 〜 2 人についてワークを行なっていきました。ワーク導入 5 回
目に「支援員さん」を取り上げたところ、少し表情が曇りましたが、いつもと
同じようにワークに取り組んでいました。ワークには、『いうことがコロコロ
変わる』『ウソばっかり』『私ばっかりがんばってる』『（支援員も）頑張ってほ
しい』などが書かれていきました。《ウソって、言うことが変わることなの？》
「そうです。金曜日に出してって言われたものを、木曜日に出してって言われ
たり。もうわかんない！」「違うウソついた！　って言っても、"そうじゃない
でしょ""しかたないでしょ"って」。《C さんは支援員さんに何て言ってほし
いんですか？》と尋ねるとワークシートに『ごめんね。間違ってたねって謝っ
てほしい』と記入していました。ワークシートの記述を受け《それなら、ここ
に書いてある支援員さんにしてほしいことを伝えてみたらどうでしょう？》と
提案すると、本人は「無理です」と答えていました。そこで、セラピストが代
わりに支援員に伝えることを提案すると、「それはお願いします」と受け入れ
てくれました。

（4）面接の終結

　ワークシートの内容をふまえ、支援員に『事前に知らされていなかった予定
変更を"嘘をつかれた"と受け取ってしまうこと』『C さんが謝ってほしいと
思っていること』を伝えました。加えて、セラピストからも C さんの特徴と
して、日常のルーチンが崩されると情緒的な混乱を起こしやすいこと、周囲に
伝えることばが強い口調になってしまったり、伝えたいこととことばがズレて
しまいやすいことを伝えました。トラブルのあった直後は C さんが予定変更
に動転して嘘と言ったと思っていた支援員も、後日の面接でも同様の訴えが
あったことから自身の説明不足であったことを痛感したようでした。支援員は
配慮が足りていなかったこと、予定変更がある場合は極力早めに伝えることを

C さんに伝え、説明が足りなかったことについて謝っていました。C さんも謝罪があったことで「許せる気になりました」「次からはなるべく早く教えてほしいとお願いしました」と、自分から支援員に "してほしいこと" を伝えられるようになっていきました。

6 ■ 事例④：一見問題がないように思われた D さんのケース

（1）相談までの経緯

　最後は心理面接のニーズがあることも把握されておらず、主訴の把握も難しかった D さんの事例を紹介します。D さんは 30 代後半の男性の利用者でした。知的障害特別支援学校の高等部を卒業後、スーパーの品出しの職についていました。家族と同居していましたが「（親族が）いなくなった後でも 1 人で生活できるようになってほしい」「グループホームなどで生活する練習をしてほしい」という家族からの申し出で入所することになりました。D さんは口数が少なく、こちらから質問を投げかけてもすぐには返答が返ってこない方でした。時間をかけて待っていても、まごついた様子でボソボソと一言だけ返事をするコミュニケーションスタイルでした。人とのやりとりとは逆に、寮での身辺自立や日課には特に問題がなく、寡黙だが真面目で特に問題はないと考えられていました。

　しかし、入所者に行なっている全員面接の場での自己紹介カード（図 7-5）には、『困ったことがある』『セラピストと相談したい』の項目にチェックを入れていました。《困ったことがあるんですね？》「……（無言でうなずく）」《どんなことが困っているんですか？》「……（黙って困った表情）」《（しばらく待ってから）それでは面接で困ったことを一緒にみつけましょうか？》「……（すぐにうなずく）」というやりとりがあり、主訴を聞き出すことを含めた面接を行うことになりました。余談になりますが、D さんに心理面接のニーズがあることを施設の支援員は誰も把握しておらず、定期面接の希望があったことに驚いていました。

自己紹介カード

私の名前は

好きなこと／趣味は

最近あったうれしいこと

最近あったイヤなこと

いま、なやんでいることは…

ある　　　　　　　　　　ない

カウンセラーに相談

したい　　　　　しなくていい

図 7-5　自己紹介シート

（2）初期段階の面接

　D さんと定期的な面接を開始しましたが、やはり困ったことについて言語化するのは難しいのではないかと感じました。D さんはその日にあったことなど

は単語で返答することができました（例えば、《今日はどんな仕事をしましたか？》「……並べました」《何を並べたんですか？》「肉とか」）。また、Ｂさんやｃさんのように書いて表現することも苦手なようで、Ｄさんの困り感の輪郭を追うことは非常に困難でした。担当の支援員からも "人との関わりは少ないものの、日課は問題なくこなせています。トラブルもありません" との情報のみで、想像できない様子でした。

（3）面接の展開

Ｄさんに相談したいことを直接聞くことは難しいと判断し、まずは毎日の生活の中で困ったこと、ネガティブな感情になった体験を聞き出し、そこから主訴に迫っていくという方針を立てました。毎日の体験の聞き出しには、Ｂさんで用いた出来事整理シートに加え、そのときにどんな感情状態だったかを指さしで答えられる【今の気持ちシート】を使用しました（図7-6）。このシート

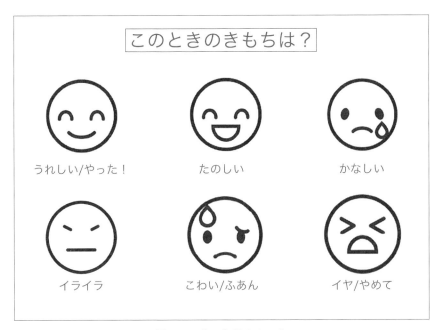

図 7-6　今の気持ちシート

は、"そのときの気持ちはどれですか？"という質問と、6つの感情語と表情絵（嬉しい、楽しい、悲しい、イライラ、怖い／不安、嫌だ／やめて）をあらかじめ記載してあります。面接の中で《そのときのDさんの気持ちは？》と尋ね、指さしで感情を表現してもらいました。このシートを使ったことで、Dさんが実は支援員との日課（金銭管理や仕事の報告書の作成）を"楽しい""嬉しい"と感じていることや、同室の利用者が話しかけてくることを"怖い／不安"と思っていること、談話室で話している人を"楽しい"という思いで見ていることを知ることができました。Dさんの日常面でのフォローはセラピストだけではできないので、Dさんの思いや状況は支援員とも共有し、同室の利用者になるべく静かにしてもらうように伝えてもらうなど、寮生活での対応をお願いしました。

（4）面接の終結

　Dさんとの面接を進めていくうちに、担当の支援員から「日課の時間に振り返りと今の気持ちシートを使ってみたい」との提案がありました。そこでDさんにも許可を取り、担当支援員と日々の振り返りの中で同様のシートを利用してもらうことにしました。並行してセラピストの面接も定期的に続けていきました。セラピストとの面接の中では、日々の嬉しかったことを表現した際に、にっこりと笑うなど表情の緊張感が少なくなった印象を受けました。担当支援員も同様の感覚を抱いており、「Dさんを身近に感じられるようになりました」との報告がありました。セラピストとの面接は2年間ほど継続しました。最後までDさんが全員面接で訴えていたものは、はっきりとはわかりませんでした。しかし、Dさんは感情体験の共有を通じて、少しずつ自己を外に表現する手段を身につけていったと考えられます。

7 ■ 事例を通じて（まとめ）

　筆者が施設でセラピストとして心理支援に関わった特徴的なケースを4つ紹介しました。それぞれのケースに『知的障害があるからこその心理的特徴』や『その特徴に合わせた教材・面接展開』があったかと思います。事例1のAさ

んは、幼少期から現在に至るまで親に振り回されてきた、勝手に自分の進路を決められてきたという思いを抱いていました。そして、その経験を信頼した大人に伝えても、社会適応を盾に取り合ってもらえなかったという経験をしていました。それにより、自分を指導する立場の人はわかってくれないという指示やルール、規範といったものに嫌悪的なイメージを強くもっていました。【思いの羅列】ワークでその嫌悪的なイメージの解体を試みた事例でした。

　Ａさんと同様に事例２のＢさんも、指導に対するネガティブなイメージをもっていることがわかりました。それに加え、Ｂさんは心理相談と指導を混同しており、心理面接が自身の反省を述べる場としてしか機能していないことが推察されました。そこで、【トピックストーク】により"心理面接とは自由な表現が許されている場である"ことを体験から深めてもらいました。さらに、音声言語だけのやりとりでは、焦点化している話題や質問の意図がずれるため、【出来事整理シート】を利用してトラブルがあった場面や出来事を本人のわかりやすい形で扱うことを試みました。結果、Ｂさんは面接の中で自由に憤りや納得できないことを伝えられるようになり、そしてわかりやすい表現方法を使うことで、自分の身の上に起きたことを振り返る練習を行えるようになりました。練習を続けたことにより、本人なりの方法で自分の身に降りかかることに対処したり、援助を養成したりといった対処行動を発揮できるようになりました。

　ＡさんＢさんのケースが個人の中での心理療法とするならば、Ｃさんのケースは利用者と支援員の間をセラピストが調整した事例と言えるかもしれません。Ｃさんは知的発達の特徴から、急な予定変更で嫌悪的な情緒反応を喚起してしまう、うがったことばで状況を表現してしまうなどの特徴をもっていると推測されました。支援員はＣさんの特徴を正確に把握できていなかったことで、Ｃさんの言動を『ちょっとした混乱』や『思わず出てしまった強いことば』として理解していました。セラピストは面接を通じて、お互いの思いを整理し、わかりやすい形にして伝えました。つまり、通訳者としての役割を担ったのだと思います。通訳をわかりやすくするため、本当の気持ちや相手に一言といった具体的な対応ワークを入れたことでＣさんが思っていること、例えば謝ってほしいや、一緒に頑張ってほしいなどの支援員への要望などがより明

確にできたと考えます。

　最後にDさんのケースは、ニーズ自体が不明瞭で心理相談からこぼれてしまうような事例でした。ことばによる表出が苦手だと、自分の困り感を外に伝えられない、困っていることがわかってもらえない（わかりにくい）ということがあります。そのため、困っていること・相談したいことは悪いことではなく、自分の1つの要素なんだということを伝え、そして潜在的なニーズを汲み取るためにカジュアルな形でニーズを把握する仕組みが必要でした。今回の実践では自己紹介カードがあったことで、困っていることや相談してみたいということが自己紹介に関連する1つの要素（好きなこと、嫌いなこと、苦手なことなど）として容易に表現されたと考えます。また、全般的に言語による表出が苦手であることから、指さしだけで感情を表現できる【今の気持ちシート】を利用したことも、Dさんの主観的体験を追うことに有益でした。

8 ▪ 知的障害施設での新しい心理相談の構築

　心理支援で用いた教材とともに、自立訓練施設で行ってきた知的障害のある人へのの新しい心理相談に必要な配慮を、① 心理相談とは何か？　を知ることへの配慮、②主訴の聞き出しの工夫、③相談に対するイメージの解体、④特性に合わせた面接のカスタマイズ、⑤施設と利用者の橋渡しの5点から考えてみたいと思います。

① 心理相談とは何か？　を知ることへの配慮

　知的障害のある人にとって心理相談とは未知の体験であり、どのようなことをする場なのかが理解し辛いことがあります。知的障害のない人では、セラピストが「ここは自由に何について話しても良い場所です。相談内容は外に漏れることはありません」と面接構造と守秘義務について説明すれば、ほどんどの場合は理解が得られます。しかし、抽象的な概念の把握が難しい知的障害のある人は、上記の説明では理解できないことがあります。そのため、心理相談とはどんなものか、カウンセリングとは何を目指しているのかなどを説明したり、体験したりする場の用意が肝要です。このためには、施設全体でのオリエンテーションや「こころの健康とはどんなものか」といった日々の心理教育が

必要となるかもしれません。

　② 主訴の聞き出しの工夫

　知的障害のある人は、自分の困ったことを言語的に表現することが難しい場合がありました。それには言語的な能力の制限だけでなく、自己洞察の問題、困っているという感覚が把握できない自己理解の問題など幅広い理由が考えられます。主訴の有無から心理相談のニーズを捉えることは、知的障害のある人への心理面接では適当ではないかもしれません。主訴ではなく、「誰かと話をしたいか」「困っていることはあるか」などの〝誰かとつながりたい〟といった部分から心理面接につながれるような仕組みが望ましいと考えます。

　③ 相談に対するイメージの解体

　①と少し似ていますが、〝相談〟ということばが「生活に対する指導」というイメージで結び付けられてしまっている方も多く見られました。知的障害のある人は学齢期から社会に出て自立することを強く求められています。そのため、相談というものが「自分の至らない点を見つけ、それを直す方法を教えてもらうこと」や「自分のダメな部分を指導される場」といった偏ったイメージをもっていることがありました。心理相談は今までの指導的な内容とは違うこと、セラピストは何かを教える立場ではないこと、社会的に不適切と教えられてきたことも心理面接の中ではしゃべっても叱責されないことなどは、繰り返し説明し、実際に体験をしてもらう必要があるでしょう。

　④ 特性に合わせた面接のカスタマイズ

　知的障害があるということは、得意なこと・不得意なことの差が大きいことも示しています。これは知的障害だけでなく、発達障害などの発達の偏りの問題も同様です。特に言語や非言語表出と理解は本人が得意とするモダリティを考慮する必要があります。音声による言語表出・言語理解に苦手さをもっていると、一見カウンセリングのような言語主体の心理面接が行えないように判断してしまうこともあります。しかし、文字で表現する、絵で表現するなど、本人が得意とする媒体を使用することで、自己理解や自己洞察を深めていけることがあります。また、言語や非言語の表出全般が苦手である場合でも、指さしで意志を解答できるような工夫（今回のケースではDさんの今の気持ちシート）を補助的に用いることで、本人の内的状況を深く知ることもできるでしょう。

セラピストは常に「どんな方法が 1 番表現しやすいのか／理解しやすいのか」という視点を忘れないようにすべきです。

⑤ 施設と利用者の橋渡し

施設での心理支援を展開する場合、そこにはセラピストだけでなく利用者の日常を支援する方が勤務しています。そこでは異なる専門性をもつ専門家同士の協働が求められます。そのためには心理面接での内容の共有について、クライエントとなる当事者と同意をもつことが必要です。なぜ情報共有が必要なのかの説明も欠かすことができないでしょう。例えば、「あなたが困っているということは、施設にも知っておいてもらった方がいいと思いますよ」「支援員さんに知ってもらえれば、私（セラピスト）がいないときも対応してもられるかもしれませんよ」といったメリットについてしっかりと説明すべきでしょう。D さんの事例のように、セラピストが担った工夫や支援を施設の方が利用できるようになるのは理想的な例と考えます。ある方への心理支援がセラピストだけでなく、施設全体で行えることが支援の最終的なゴールになるのではないでしょうか。

9 ▪ 最後に

自立訓練施設における知的障害のある人への心理支援について、筆者の臨床実践から述べさせていただきました。いまだに知的障害のある人は『適応』の 2 文字が絶対であり、幼少期から適切な行動が取れることを目的とした治療教育の文脈で支援を受けています。問題行動を減らすよりも適切な行動を増やそうという視座はスタンダードなものになってきています（例えば積極的行動支援：Positive Behavioral Intervention など）。しかし、適応行動が優先されることで、知的障害がある人の素朴な悩みや葛藤の解決が二の次にされてしまっている現状があるように感じます。対応困難事例の中には、こういった心理的側面が見逃されてしまったケースが多いようにも思います。今後、知的障害のある人が気軽に心理相談を利用できるような制度やシステムの整備が整うことを願います。

第**8**章

医療機関での知的障害のある
青年とのカウンセリング

飛田 鮎太

1 ▪ はじめに

　筆者は、神経小児科の病院に勤務する心理士（臨床心理士・公認心理師）です。主に、外来でカウンセリングと心理検査をしています。医師からカウンセリングの依頼があるクライエントのほとんどは、幼児から中学生の子どもたちです。一方で、神経小児科では成人後も継続して通院される方もいます。また、子どもの頃受診して成人となり、もう定期的には通っていないけれど、体調を崩したために再び神経小児科を受診される方もいます。そういった方々の中に成人してからこころの不調が起こり、カウンセリングにつながる方がいます。

　今回は、その中から事例を2つ紹介し、知的障害のある人とのカウンセリングにおいて筆者なりに心がけていることについて述べたいと思います。

2 ▪ 事例

　以下の2つの事例は、公表することを了解していただいた方々のケース記録を元に、匿名性を保持するために、筆者が大幅に書き換えたものです。

（1）事例1

Aさん（20代、男性）
主訴：激しい心臓の痛み
診断：知的障害（軽度）、てんかん

家族：母親、祖父母（母方）と同居。父親とは死別。

1）生育歴と来院経緯

　Aさんは幼児期にてんかん発作があり、発達の遅れもこの時期に医師から指摘されました。小学校では通常級に進学しましたが、落ち着きがなく、教室の中を1人で歩きまわっていたそうです。1度だけ息苦しさを訴えて心臓外科を受診しましたが、心電図に異常はなく、調子もすぐに落ち着きました。高学年から特別支援学級に移り、Aさんの行動も落ち着いてきました。また、てんかん発作もこの頃にはほとんどなくなっていました。中学校も特別支援学級に在籍しましたが、いじめがあり、一時期不登校になりました。特別支援学校高等部に入学直後、父親が病死しました。母親も体調を崩すようになると、Aさんもときどき学校を休むことがありました。一方で、趣味を通して知り合った人たちとは頻繁に交流し、1人で電車やバスに乗って遠出することもあったようです。就職してから数年がたった頃、仕事中に激しい胸の痛みを訴え、筆者のいる病院に緊急受診をしました。心電図では異常はなく、医師が「精神的なストレスが原因だろう」と判断し、筆者にカウンセリングの依頼がきました。

2）面接経過

　初回面接には、Aさんが1人で来ました。車を運転してここまで来た、いつもの診察（てんかんの定期的な診察）も1人で来ている、とのことでした。部屋に入り、筆者が「お話ししやすいところからどうぞ」とイントロすると、「半年前くらいから、1、2か月に1度、心臓がズキンと痛い、ということがあって。診察でX先生（主治医）に言ったら、『問題ないよ』って。そしたら、先週の仕事中に急に心臓が痛くなって、それで急いで病院にかかったんですけど。X先生には、『ストレス性だろう』って言われて」とAさんが話しはじめました。筆者が「ストレス性って言われて、何かご自身で思い当たることはありますか？」と聞くと、「家のことっていうか。祖父と仲が悪い。一緒に住むようになってからガミガミ言われるようになって。半年くらい前に大ケンカして、それから家にいても無視してる。あっちも話さないから、こっちも話さな

い」と一気に話し、あっという間に面接終了の時間になりました。筆者から「私としては、今日お話しされたようなことを、2人で一緒に考えられたら、と思います。いかがでしょうか？」と尋ねると、「また、来たいです」とすぐに答えが返ってきました。その後、2週間に1回の頻度で会うことが決まりました。

初回後の筆者の【見立てと方針】では、「症状の出現と、祖父との喧嘩の時期が重なるな。まだまだ話したいことがたくさんありそう。出来事と体験をよく言語化できているので、このままことばによるカウンセリングでやってみよう」というものでした。

以降数回の面接では、家族のことが主に話題となりました。父親の死後しばらく母親と2人で生活していたが、数年前に母親が体調を崩し、祖父母と同居することになったこと。祖父とは最初からそりが合わず、何かと言い争いをしていたこと。今は無視しているが、それはそれで気を遣うので疲れること。Aさんは、「みんなは『おじいちゃんもお前のことを思って言ってる。お父さんの代わりになろうとしている』なんて言うけど、こっちは、そんなの頼んでない」と怒りを込めて語りました。筆者は、ただひたすらAさんの語りに耳を傾け続けました。

そんな中、Aさんの母親から一人暮らしの提案がありました。Aさんはインターネットで検索したり、実際に母親と現地に行ってみたりして、アパート探しを始めました。その様子をカウンセリングで話し、「一人暮らしが楽しみ。お金貯めなきゃ」と前向きな様子になってきました。

また、カウンセリングを重ねていく中で、Aさんはあるアニメ作品が好きであることがわかりました。ずいぶん古い作品でしたが、動画配信サービスに加入し、繰り返し見ている、とのことでした。筆者がそのアニメの内容をほとんど知らないことがわかると、Aさんは自分のスマートフォンで検索して画像を見せながら、熱心にそのアニメについて語りました。Aさんの語りはとても生き生きとしていて、筆者は興味深く耳を傾けることができました。特に、あるキャラクターが、生き別れた母親に会いに行く回を「涙なしには見られない」と言って、感慨深く語りました。そのアニメには、不登校や、いじめがテーマになっている回もあり、「このアニメは自分と重なる大事なものだ」

と、A さんはしみじみと言いました。筆者にも、そのアニメが A さんの人生と強く結びついていることが、よく伝わってきました。この時期に、A さんは母親を誘って、一緒に映画を見に行きました。A さんは「映画を見た後、自分が小さい頃の話とか、これまでのこととか話せたのでよかった。祖父のこととか、初めて聞く話もあって、それもよかったです」とサッパリとした表情でした。最後には、「自分も成長したなぁって」とつぶやくように言いました。

　ちょうど 10 回目のカウンセリングの終わりに、筆者が「今日でちょうど 10 回ですが、通ってみて、どうですか？」と聞くと、「心臓のバクバクはほとんどなくなりました。ここで話すようになって楽になった。なんか仕事のやる気も上がる。親に言えないこともあるし、このまま続けたい」と A さんは継続を希望しました。

　しばらくすると、A さんの一人暮らしがスタートし、カウンセリングでの話題も、そのことが中心になっていきました。準備段階では、自らガス会社や通信会社に電話して、手続きをし、一人暮らしが始まってからは、料理やごみ捨て、お金のやりくりについて大変さと楽しさを交えながら語りました。そんな中、Wi-Fi のルーターが故障して、インターネットが接続できなくなるということがありました。A さんは気になりつつも出社しましたが、仕事中に胸のあたりがモヤモヤしてきて、心臓のドキドキが出現しました。A さんは「これはヤバいな」と思い、仕事を早退して、帰宅しました。そして、通信会社に電話して状況を伝え、Wi-Fi を直し、再びインターネットが接続できる状態にすることができました。Wi-Fi が直ると、胸の痛みも大分治まりました。A さんは、「やっぱ、心配なこととかあると、（ドキドキが）出るのかな」「今回はモヤモヤした段階で、悪くなる前に帰った方がいいなって思って早退した」と、このエピソードを振り返りました。筆者も「そうやって自分で危ないって思って、自分で対応できたのはよかったですよね」と伝えました。カウンセリングを開始してからはじめて、症状が強く出ましたが、A さん自身が予兆を感じて、自分自身で対処することができました。

　その後のカウンセリングでは、A さんは、日々の生活のこと、好きなアニメ作品のことを語っていきました。症状が再び強く出ることはなく、家族（主に母親、ときどき祖父母）の助けを借りつつ、一人暮らしを続けることができ

ています。

3）まとめ

　事例 1 では、A さんとのカウンセリングの最初の 1 年を提示しました。A さんは、軽度の知的障害がありますが、自動車を運転し、友だちも多く、仕事にも毎日通っていました。そんな中、ストレスフルな出来事をきっかけとして、心臓の痛みが出現し、医師の判断のもと、カウンセリングがスタートしました。A さんは、最初こそ家族の不和（特に祖父との関係）について語りましたが、徐々に自分の好きなものについて語るようになりました。それは、そのアニメ作品に自分自身を重ね、自分史を振り返る（語り直す）作業となりました。同時に、家族の援助を受けつつ、一人暮らしという現実的な自立にも挑戦していきました。そして、主訴となった症状（心臓の激しい痛み）が再発したときも、自分自身で問題を解決し、症状を消失させることができました。

（2）事例 2

B さん（20 代、男性）
主訴：動きがゆっくりになった
診断：知的障害（中等度）、てんかん、脳性麻痺（下肢麻痺）
家族：両親と同居。姉は独立。

1）生育歴

　B さんは、出生直後に脳出血があり、その後脳性麻痺と診断されました。てんかん発作も、出生直後から頻回に見られました。地元の特別支援学校高等部を卒業後は、作業所でクッキーやパンを作る仕事を始めました。仕事を始めて数年が経ったころ、職場のスタッフから「職場で動かない（動きがゆっくり）、返事をしない」という話がありました。家でも朝の準備が 1 人でできなくなり、両親が主治医に相談しました。主治医が本人に話を聞き、「スタッフの前だと緊張が強くなる様子。作業所も、最初は遊びの要素もあったが、数年前からグループ分けされ、作業グループは売り上げのことなど厳しく言われるようになったよう。心理的なストレスが要因と思われる」と判断し、カウンセリン

グの依頼がきました。

2）面接経過（その1）

　初回、車椅子で入室したBさんは、少し緊張している様子でした。筆者が「Bさんのお話したいところからどうぞ」と言うと、小声でボソボソと、独り言をつぶやくように何か言ってから「言えない。言わなきゃいけないことも、スタッフさんに言えない」と話し始めました。どうやら、仕事の工程で、スタッフに次やることを聞かなくてはいけないのだけど、それが聞けないということのようでした。Bさんは「聞けないわけじゃないのに、聞かない」と語気を強めて言いました（筆者には、Bさんが自分自身を責めているようにも感じました）。それで、「聞こうかどうしようか」と迷ったり、「次、どうしようか」と考えたりして、結果的に30分以上作業が遅れてしまうことがあるようでした。一方で、自分で考えて作業を進めると、「勝手なことをした」と、注意されてしまうこともあるようでした。筆者には、その「注意」も、本人には「怒られた」「叱られた」という感じにも体験されているのではと感じ、それをBさんに伝えてみたところ、Bさんは「注意と怒るは違う」とハッキリと言いました（筆者のことばがBさんの体験にはフィットしなかったよう）。Bさんが「聞かなきゃって頭ではわかっているんだけど、聞かない」という話を何度もしていく中で、筆者がふと「聞きづらい？」と言うと、Bさんは「あ、そういうのもあるかも」と言い、「聞こうとは思っている」「相手のそばへ行って言うんだけど、声が小さいから『ハッキリ言って』とか言われちゃう」と、Bさんの思いを少しずつことばにしていきました。昨日も、早く仕事をしようと思って、準備をしてからスタッフに聞いたら、「準備をする前に聞かなきゃダメでしょ」と注意されたらしく、「先に聞けばよかったんだけど……」と悔やむBさん。Bさんとしては、「早く行かないと、その仕事ができなくなる」という考えがあってしたことなのだけれど、それがうまくスタッフの方には伝わっていないようでした。終了の時間になり、今日のカウンセリングの感想を聞くと、「話してみてスッキリした」とBさんは答えました。「土曜も日曜も、仕事のことを考えちゃう。自分は1人で抱え込んじゃう。それで考えちゃう。でも、この際、先生に話してみようと思う。1人で抱え込んでもダメだ」と言い、継続し

て会うことになりました。

　初回後の筆者の【見立てと方針】は、「『頭ではわかっているんだけど、でき
ない』という苦しみに、自責感のようなものが拍車をかけているのではない
か。Bさんは、"話すこと"に感触をもてたようなので、カウンセリングを続
けてみよう」というものでした。

　2回目、Bさんは、廊下では明るい調子で話していましたが、面接室に入る
と一転、表情が暗くなりました。「やろうと思って、努力しているんだけど、
できない」「スタッフさんから、他のところへ行けって言われる。色んなとこ
ろを実習して、それで今の職場に決めたのに……」と、ポツリポツリと話をし
ました。ここ数日、Bさんは職場で動けない状態が続き、スタッフから「この
ままでいいと思ってるの?」と言われた、とのことでした。「オレだって、や
ろうと思ってるのに」と言うBさんから、悔しい気持ち、やり切れない気持
ちが伝わってきました。

　3回目では、入室前から表情が暗く、面接室でも、ぼそぼそと小さな声で話
し始めました。筆者にはうまく聞き取れなかったので、筆者は聞き取れたこと
ばだけをBさんが言ったのと同じ音量、同じ調子で繰り返しました。しばら
く続けていると、「仕事……しようとは……思ってる……」「みんな……と……
同じ……ように……やりたい……」と、Bさんのことばがまとまってきて、声
も大きくなってきました。

　4回目は、前回とは一転、明るい表情で来院しました。「最近は、けっこう
考えたことを行動に移せている」とニコニコ顔で話し始めました。「どうして
も遅くなってしまうことは、自分で考えてやってる」「最近は仕事へ行くのが
辛くなくなった」と、声の調子も生き生きとしていました。筆者がつい「どう
したんですか?」と聞くと、「前は(仕事に行くのが)すごく辛かった。でも、
泣いたり落ち込んだりしても、仕方がないと思うようになった。あんまり考え
ないことにした。カウンセリングに行くようになったのが良かったんだと思
う」とBさんは答えました。

　5回目、Bさんは、「仕事はできています」「トラブルないです」と言います
が、表情が暗く、ことばも途切れ途切れでした。筆者が「どうしたのだろう?」
という思いで聴いていると、Bさんから「カウンセリングは嫌なことを話すと

ころなのに、自分でトラブルを解決できちゃってるから、何話していいか迷っちゃう」と教えてくれました。筆者が「僕は、ここでは嫌なことでもいいことでも、Ｂさんがお話ししたいことを話してもらえたら、と思っています」と言うと、「そうなんだ」と一気に表情が明るくなりました。その後は、Ｂさんなりのトラブル解決策を話してくれました。カウンセリング終了後、筆者が今後のカウンセリングを継続するか聞くと、Ｂさんは「続けます。またいつおかしくなるかわかんないし。考えて話すことで、けっこうホッとするから」とハッキリと答えました。

　その後、スタッフから怒られて一時的に落ち込むことや、「頭でわかってるんだけど、できない」ことはあったようですが、Ｂさんは「仕事はできています」としっかりとした口調で話しました。そして、毎回、「もうここに来るのやめるかも」「何話していいか考えちゃう」と言い、一方で、「でも、親しか、話す人いなくなるのもな」「カウンセリングで色々と話すのはいい」とカウンセリングに通い続けることへの葛藤を語りました。

　そして 9 回目、待合室で会うなりＢさんから「カウンセリングを今日で終わりにしたい」と申し出がありました。部屋に入って改めて話を聴くと、「最初はよかったんだけど、自分の問題は良くなったから、だんだん何話したらいいかって考えるのが負担になってきて」「仕事は失敗しながらもできてる」「自分からカウンセリングをやめたいと言うのは先生（筆者）に悪いと思ってなかなか言い出せなかった」と理由を教えてくれました。筆者がＢさんの申し出を受け入れると、ホッとしたのかよくしゃべり、表情も明るくなりました。最後にＢさんは「自分は考えすぎて、頭でわかっていてもできないことが多い」「人のことを考えすぎちゃう」「でも、トラブルは当分起きないだろうか大丈夫」「もし、自分だけでは解決できないことがあったら、またみてもらうかも」と話し、退室しました。

　その後、Ｂさんを度々院内のリハビリ室で見かけましたが、理学療法士と楽しそうに談笑しながらリハビリをしていて、元気そうに見えました。

3）まとめ（その 1）

　Ｂさんとの出会いの部分を、詳しく提示しました。Ｂさんの動きが遅くなっ

たことには、様々な要因があったと思われます。考えすぎて 1 人で抱え込んでしまう B さんの性格。職場が環境の変化により効率性を求めるようになったこと。そして、家族も職場の人たちも、なぜ B さんが動けないでいるかわからず、コミュニケーションが一方的になってしまったこと。これらの要因が重なって、B さんはますます動きにくくなっていました。そんな中、筆者と B さんがしたことは、カウンセリングを通して、B さんのストーリーを共有することでした。それは、「やろうと思って、努力しているんだけど、できない」という、気持ちと体がマッチしないもどかしさ、悔しさでした。B さんは初回の終わりに、カウンセリングで語ることの覚悟を決めました。そして、一時的に、落ち込むこともありましたが、9 回のカウンセリングで症状は改善し、職場でも仕事ができるようになりました。

4）面接経過（その 2）

　B さんとのカウンセリングが終結してから 10 年近くが経過した頃、B さんの両親が「最近、B の動きが遅くなった」と主治医に訴え、B さんは再びカウンセリングに来ることになりました。

　カウンセリングの再開について B さんの気持ちを聞きたかったので、B さんがリハビリで来院したときに、本人と少し話をしました。筆者が「Y 先生（主治医）から、B さんの動きがまたゆっくりになってきたと、お父さんとお母さんが心配しているって聞きまして」と切り出すと、B さんは「親に早くって言われるけど、俺なりに早くしているのに。親と自分の時計には誤差がある」とハッキリと話し、2 週間後に会うことを約束しました。

　2 週間後、B さんの表情は明るく、受付のスタッフと楽しそうに話をしていました。面接室に入ると、「前ここに来てたときのことは、忘れた。あ、でも、あのときは落ち込んじゃって、それで来てたんだ」と話し始めました。筆者が「今回、また動きが遅くなったってことですけど、あれから調子はいかがですか？」と聞くと、B さんは「もう家では大丈夫。仕事もちゃんとしてるし」と話し、「うーん、話すことないなぁ」と笑いました。筆者が「B さんのお話したいことをどうぞ」と言うと、「えー、それじゃあ……」とカバンからアイドルの CD を取り出し、ニコニコ顔でそのアイドルについて語り始めまし

た。好きなメンバーのことや、楽曲について熱心に語り、あっという間に終了
時間になりました。今後のカウンセリングについて B さんと話し合い、月 1
回のペースであと 4 回（今回も含めて計 5 回）通ってみることにしました。

　それからは、2 人でアイドルの CD を聞いたり、DVD を観たりする回が続
きました。B さんは、メンバーやダンスの解説をしたり、楽曲についての B
さんの解釈を披露したりしました。アイドルの話の合間には、B さんから「親
と喧嘩しちゃう」「もう子どもじゃないのに……。俺の話を聞かないで注意さ
れたりするから……こっちもカッとなっちゃうこともあって」「1 度怒られて
も、またやっちゃう俺が悪いんだけど」と、家族との関係や自分自身の言動に
ついての話がありました。再開してから 5 回目の終わりに、「5 回通ってみて、
どうですか？」と筆者が聞くと、B さんは「ここで話すとスッキリするけど、
またモヤモヤがたまっちゃうから、続けて来ないと意味がないと思う」と言
い、カウンセリングを継続することになりました。

　しかし、その後の回では、家族のことなどについて話題になることはなく、
アイドルの話を熱心にする回が続きました。頻度も、月 1 回から、2、3 か月
に 1 回と間隔が空くようになりました。そして、再開してから約 1 年半後、B
さんから「もう話すことなくなったから、もういいかな」と終了の申し出があ
りました。迎えに来た父親も、「だいぶ動けるようになりました。もう大丈夫
かなと思います」と言い、B さんの表情も穏やかだったので、B さんの申し出
を受け入れ、2 度目の終結としました。

　それからさらに数年後、両親が再び「最近、動きが遅くなった」ことを心配
し、主治医より 3 度目のカウンセリングの依頼がきました。

　今回は、B さんがリハビリのために来院する日と筆者のスケジュールが合わ
ず、とりあえず 1 度会うことになりました。待合室に迎えに行くと、B さんは
トイレに行っていて、父親だけが待っていました。そこで父親から「最近また
動きが遅くなってて。それを本人に言うと『今やろうとしてたんだよ』って怒
鳴って。こっちもついね、そう言われると熱くなっちゃって。……普通の子で
いう思春期くらいかなって。反抗期。どうしてもね、こっちが諦めきれないん
だよね。まだね、健常の子と同じように接しちゃってるんだよね」と、初めて

父親の思いを聞きました。トイレから戻ってきた B さんは、父親といるとき
はうつむいていましたが、面接室に入ると勢いよく話し始めました。「アイド
ルは卒業した。今はゲーム（RPG）が楽しい」と、今夢中になっているゲーム
について、詳しく話をしました。面接の終わりに筆者がカウンセリング再開に
ついて聞くと、B さんは「前は落ち込むと何にもできなくなったり、逆ギレし
たりしちゃってたけど、今はゲームが気晴らしになってるから、してないよ」
「でも、話すといいから来ようかな」と答え、カウンセリングを再開すること
になりました。

　その後は、ゲームの話題を中心に、日々の事を振り返る面接が続きました。
そこでは、「親父とまた喧嘩しちゃった。あとから自分が悪かったってのはわ
かるんだけど。頭にアドレナリンが上がると、どうしてもやっちゃう。これが
俺の病気なのかな」「職場でも、せっかくやったのを、『もう 1 回チェックし
て』とか言われると、『今やったんだよ！』って思っちゃう。イライラしちゃ
う」など、自分自身を省みる発言もありました。

　この時期、母親から希望があって、初めて母親面接が行われました（初期か
らオファーしていましたが、両親が希望されず実施していませんでした）。母親はそ
の中で、「自分たちもつい怒っちゃう。沸点が低くて……」「上の子はほっとい
て、ずっと B にかかりきりだった。どう親離れしていいものか。B の同級生
や他の子にはやさしくできるのに、なぜ自分の子どもにはそうできないのか
……」と、母親の思いを話しました。また、主に通院の送迎をしていた父親
も、面接の前後で「B は頑固。それでこっちもイライラしちゃって」などと少
し話すようになりました。10 回程度の面接で主訴は解消されましたが、今回
は B さんが「話すといいから来る」と言い、両親も継続を希望されました。

　ある日、待合室では元気そうだった B さんが面接室に入ると、前かがみの
姿勢になり、目がギョロギョロ動き、表情も硬くなりました。いつもとは違
い、低く小さい声で「親が喧嘩していて、放っておくとヒートアップしちゃう
から間に入ると、『お前には関係ないだろ』と怒鳴られる。自分は家族仲良く
したいだけなのに。こっちの気持ちを伝えても『何言ってるかわからない』っ
て言われちゃって」「何て言うか、親と会話のキャッチボールができない……」
と、ゆっくりポツポツと話しました。この日の面接終了後、父親より「自分も

カウンセリングを受けたい」と申し出がありました。

　このカウンセリングがあった週末、Ｂさんに不眠、幻聴、強い恐怖感、意味のわからない言動（「お父さんの体の中に入っちゃった」）などが出現しました。Ｂさんは両親に「仕事に行く送迎バスの中で他の利用者に身体を触られて、とても怖かった」と訴えました。週明けに主治医が診察しましたが、Ｂさんは不穏な様子で、ときどき大声を出していたそうです。両親は、「職場でのことがきっかけかもしれないが、自分たちも意見の違いから言い争いすることが多く、Ｂにもきつく当たってしまっていた」と反省していたようです。

　Ｂさんが筆者の方が話しやすいとカウンセリングを希望したので、急遽カウンセリングとなりました。Ｂさんの希望で、父親も同席で行いました。Ｂさんの表情は先週よりもかたく強張っていて、目はギョロギョロしていました。Ｂさんは、「普通に眠れない。怖い夢をみる」と話し始めました。面接中、Ｂさんは「こわい、こわい」と言って体を震わせて、急に不安になることがありました。そんなとき、筆者が「ここはいつものカウンセリングの部屋ですよ。今、Ｂさんと、お父さんと、飛田がここにいますね」と今の状況をことばにして伝えることを繰り返すと、Ｂさんは、「大丈夫だ。ここはカウンセリングの部屋だ。先生とお父さんがいるんだ」と自分に言い聞かせるように言って、徐々に落ち着いてきました。父親からは、「幻聴や意味のわからない言動は、ほとんどなくなった。仕事は休ませている。家でも少しずつゲームができるようになってきた」とＢさんの家での様子が語られました。面接終了時には、Ｂさんの表情は幾分穏やかになっていました。

　次の週に、初めて父親と面接しました。今回のことをきっかけに、母親と話し合い、「Ｂの前で喧嘩するのはやめよう。Ｂの前では仲よくしよう」ということになったこと、また、Ｂさんへの父親としての思い、父親自身の人生の振り返りが語られました。その後も、数回、父親の希望で面接をすることがありました。

　Ｂさんは、次の回こそ「だいぶよくなったけど、フツーに話をしようとすると……少し緊張する……」と言っていましたが、数週間で仕事に復帰しました。その後の面接ではゲームについて熱心に語り、精神的にも落ち着いていきました。

5）まとめ（その 2）

　Bさんのその後の経過を簡潔に提示しました。初期と違い、主訴や困りごとについて語ることよりも、Bさんの好きなもの（アイドル、ゲームなど）を語ることが中心となって進んでいきました。合間にポツポツと語られたことから推察するに、両親とのコミュニケーションがうまくいってなさそうでしたが、それについてじっくりと話題になることはありませんでした。それでも、症状に改善があり、一旦終結となりました。数年後、同じ主訴で 3 度目のオーダーが出たときも、10 回程度で主訴は改善されました。このときは、母親との面接が初めて実施され、父親とも面接前後で話すようになり、両親の思いを聴くことができました。また、Bさんに一過性の精神病症状が出たことをきっかけに、両親が話し合い、家庭内でのコミュニケーションに変化が見られました。その後、Bさんも数週間で仕事に復帰することができ、精神的にも落ち着いて過ごせるようになりました。

3 ▪ 知的障害のある人とカウンセリングをするということ

　筆者は、現在の自分が提供できるカウンセリングを、以下のように定義しています。それは、「カウンセリングとは、カウンセラーとクライエントの言語的／非言語的（遊びや創作活動など）交流を通して、クライエントの体験（気持ち）の整理をすること」です。自分の体験（気持ち）を整理すること、こころの中にそれをおさめる場所を見つける（作り出す）ことができれば、日々の生活を（これまでより少しは）穏やかに過ごせるようになるのでは、と思っています。

　こうした「交流」は、カウンセラーとクライエントの間に安心安全な関係性がなければ、なかなか起こりにくいものです。安心安全な関係性を築くために筆者が必要だと思うことは、相手のストーリー（体験）に沿って聴くこと、です。特に、知的障害のある青年たちの場合、なかなか自分のストーリーに沿って話が聴かれる体験が得にくいのでは、と思います（これは、自閉スペクトラム症や注意欠如多動症がある人たちにも共通すると思います）。ときに、彼らが語る

ストーリーは、大きな飛躍（とこちらには感じること）や外的事実とは（多少）違うことなどがあります。それは、彼らの体験が、私たちの体験の仕方と少し違っているからかもしれません（滝川，2004）。そのため、私たちは、彼らの体験世界を推し量ることをせずに、つい、それらを指摘し訂正したくなります。しかし、彼らが語るままにストーリーを聴くことによって、彼らとの間に、安心安全な関係性を築くことができると思います。例えば、A さんの場合、祖父の関係について周囲の人に不満を漏らしても、「おじいちゃんもお前のことを思って言ってる。お父さんの代わりになろうとしている」と言われてしまい、A さんが自分自身の傷つきや怒りのストーリーを十分に聴いてもらえた、と体験することはありませんでした。B さんの場合は、周囲からみると「声を掛けても動かない人」という風に見られていましたが、B さんの中の「やろうと思って、努力しているんだけど、できない」という、気持ちと体がマッチしないもどかしさや、悔しさのストーリーについて誰かに聴かれることはありませんでした。精神科クリニックで知的障害のある人々とも長年カウンセリングをしてきた田中（2021）は、「知的障碍のある人々の心理相談で私たちこころの援助者には、何ができるでしょうか。まず、彼らがしゃべることに関して邪魔をせず、彼らのペースで思いきり話をすることを大事にしたいと思います。……彼らの相談で私が気をつけていることは、あまり急いで細かい部分を正確に把握しようとせず、確認は最小限にとどめ、「この話をすることで、○○さんは何を伝えようとしているのか」というエッセンスを、摑もうとしてゆきます。フィーリングに焦点をあてて聞いていくと、あまり概念的なことや細かいことは気にならなくなります」と知的障害のある人とのカウンセリングでのポイントを述べています。筆者が A さんや B さんとカウンセリングで行ってきたことも、彼らの語りを聴き、彼らの固有のストーリー（体験）を共有することでした。

　筆者がもう一つ心がけていることは、好きなものについて語ってもらうこと、です。クライエントが好きなものを語り、カウンセラーがそれに興味をもって耳を傾けると、そこには温かい交流が生まれます。それが、安心安全な関係性のもとになります。また、クライエント自身も、好きなものを語ることで、生き生きとしていきます。精神科医の青木（2016）は、「人生を楽しむの

が最大の薬」と言います。さらに、「何をやってもだめ、人生にいいことはない、楽しいことはない、何をやってもおもしろくないという青年が、その考えを変えていくには、いろいろなことを話すことも大事だが、同時にその人が楽しむこと、人生は辛いこともあるし、悩むこともあるけれど、ほんの小さな楽しみでも人生の中に作っていってもらうことが硬直した考えを変えていく働きがあると思っているのである」と、支援のヒントを述べています。Aさんの場合、元々アニメ好きではありましたが、好きなアニメ作品についてカウンセリングで語ることが、自分史を振り返る（語り直す）作業となりました。Bさんの場合は、アイドルやゲームについてカウンセリングで語る中で、症状の改善が見られました。カウンセリングは、人生の苦しみとどう生きるかに向き合う場所でもありますが、そのためにも、人生の喜びを分かち合う場所でもありたいと思います。

4 ▪ プリセラピー

（1）プリセラピーとは

　プラウティは、慢性の統合失調症や知的障害を伴う精神病状態のクライエントなどは、カウンセリングや心理療法に必要な心理的接触（ロジャーズ「必要十分条件」の第1条件（邦訳2001）。なお、ロジャーズの当該論文については、岡村（2007）による精読を参照してください）が十分でないとし、そういったクライエントの「心理療法に必要な心理的機能、すなわち、現実との接触、情動との接触、コミュニケーションとの接触を発展させる」アプローチとして、プリセラピーを提唱し、展開しました（プラウティ，邦訳2001）。現在では、対象が発達障害や認知症などにも広がり、また、特別支援教育、看護などの実践でも活用されています（岡村・保坂，2015）。

（2）プリセラピーの概要（岡村，2010）

　プリセラピーでは、カウンセラーは、クライエントの言動、表情、場の状況などを、「反射」する（ことばにして伝え返す／なぞる）ことで、クライエント

との心理的接触を試みます。そして、このカウンセラーの反射（技法）によって、クライエントの心理的機能が賦活され、クライエントが少しずつ自己、他者、世界と接触をし、それを表現していくことが期待されています。これにより、カウンセラーとクライエントの間に心理的接触が生じ、カウンセリングや心理療法がスタートします。このカウンセラーの反射（技法）を「接触反射」、それによって促進・維持・強化されるクライエントの心理的機能を「接触機能」、その発展の結果現れるクライエントの具体的な行動を「接触行動」といいます。

　以下、カウンセラーの具体的な技法である接触反射について説明します（表8-1）。接触機能と接触行動については、表8-2を参照してください。

　接触反射には、状況反射、表情反射、逐語反射、身体反射、反復反射があります。

　状況反射は、クライエントの状況（ひと・場所・もの・こと）を反射することです。例えば、「あなたはイスに座っています」「雨が降っていますね」などで

表 8-1　接触反射

状況反射	クライエントの状況（ひと・場所・もの・こと）を反射すること
表情反射	クライエントの顔に現れている感情を反射すること
逐語反射	クライエントが言ったことばを、そのまま一語一語繰り返すこと
身体反射	クライエントのからだの動作・姿勢を反射すること
反復反射	心理的接触をつくるのに成功した反射を繰り返し行うこと

表 8-2　接触機能と接触行動

	接触機能	接触行動
現実接触	自分が置かれている状況（ひと・場所・もの・こと）に気づくこと	クライエントが状況（ひと・場所・もの・こと）をことばにして言うこと
感情接触	自分自身の感情（気分・気持ち・情動）に気づくこと	クライエントの感情が身体や顔に表現されること
コミュニケーション接触	現実や感情を他者に向けて象徴化すること	クライエントが対人関係を表す単語や文をことばにして言うこと

す。

表情反射は、クライエントの顔に現れている感情を反射することです。例え
ば、「○○さん、今日は悲しそうな顔をしています」「あ、うれしそうに笑っ
た」などです。

逐語反射は、クライエントが言ったことばを、そのまま一語一語繰り返すこ
とです。いわゆるオウム返しですが、それは機械的に行われるものではありま
せん。

身体反射は、クライエントのからだの動作・姿勢を反射することです。身体
反射には、2種類あります。1つ目は、カウンセラーがからだの動作、姿勢を
なぞることです。例えば、クライエントがうずくまっていたら、カウンセラー
も同じようにうずくまってみる（真似てみる）ことです。もう一つの身体反射
は、クライエントのからだの動作・姿勢を言語化することです。例えば、「○○
さん、立つ」「体を窓の方に向けていますね」などです。

反復反射は、上記の4つの反射をしていった中で、心理的接触をつくるのに
成功した反射を繰り返し行うものです。反復反射には、クライエントの言動を
即座に反射する「即自的」なものと、やや時間を置いて反復して反射する「経
時的」なものの2種類があります。

反射というと、機械的に行うことのように誤解されるかもしれません。しか
し、大切なことは、クライエントから表現されたことを、一つひとつ大切に受
け取り、プラウティによると「歓迎するように」繰り返すことがポイントにな
ります。

（3）プリセラピーの実際

先の事例で、ぼそぼそと小さな声で話し始めたBさん（3回目）に対して、
筆者は聞き取れたことばだけをBさんが言ったのと同じ音量、同じ調子で繰
り返しました（逐語反射）。逐語反射を続けていくと、「仕事……しようとは
……思ってる……」「みんな……と……同じ……ように……やりたい……」
と、Bさんのことばがまとまってきて、声も大きくなってきました。

また、その後、ストレスフルなイベントが重なり、Bさんが一過性の精神病
状態になったことがありました。このときのカウンセリング中、Bさんが不安

になったとき、筆者が「ここはいつものカウンセリングの部屋ですよ。今、B さんと、お父さんと、飛田がここにいますね」(状況反射) と伝えることを繰り返すと、B さんは、「大丈夫だ。ここはカウンセリングの部屋だ。先生とお父さんがいるんだ」と自分に言い聞かせるように言って、徐々に落ち着いてきました。

　これらは、筆者の接触反射により、B さんの接触機能が賦活され (自己や世界との接触が回復し)、接触行動が現れた (体験を少しまとまった形で語ったり、状況を再認したりすることができた)、と考えることができます。このように、プリセラピーは、知的障害のある人とのカウンセリングでも活かせるアプローチです。

5 ▪ おわりに

　知的障害のある人とのカウンセリングの事例を提示し、普段の臨床で筆者が行っている工夫について述べました。また、プリセラピーを紹介しました。プリセラピーについては、ぜひプラウティ (2001)、岡村 (2010)、岡村・保坂 (2015) を参照してください。

引用文献

青木省三 (2016) 僕のこころを病名で呼ばないで. 日本評論社.

岡村達也 (2007) カウンセリングの条件—クライアント中心療法の立場から. 日本評論社.

岡村達也 (2010) プリセラピー—反射. 岡村達也・小林孝雄・菅村玄二著　カウンセリングのエチュード. 遠見書房. pp.28-49.

岡村達也・保坂亨 (2015) プリセラピー. 村瀬孝雄・村瀬嘉代子 編 [全訂] ロジャーズ. 日本評論社. pp.137-152.

プラウティ, G. (2001) (岡村達也・日笠摩子訳) プリセラピー —パーソン中心 / 体験過程療法から分裂病と発達障害への挑戦—. 日本評論社. (原書：Prouty, G. (1994). *Theoretical evolutions in person-centered/experiential therapy: Applications to schizophrenic and retarded psychoses*. Westport, Connecticut: Praeger Publishers.)

ロジャーズ, C. R. (2001) セラピーによるパーソナリティ変化の必要にして十分な条

件.（伊東博訳）ロジャーズ選集（上）―カウンセラーなら一度は読んでおきたい厳選 33 論文．誠信書房，pp.265-285.（原書：Rogers, C. R.（1957）The Necessary and Sufficient Conditions of Therapeutic Personality Change. *Journal of Consulting Psychology*, **21**, 95-103.）

滝川一廣（2004）遅れをもつ子のこころの世界．そだちの科学，**3**，9-18.

田中千穂子（2021）新版　障碍の児のこころ．出版舎ジグ．

おわりに

　知的障害のある人のメンタルヘルス研究会を立ち上げて、5年以上が経ちました。ゆっくりな歩みですが、その間に学会で発表したり、論文を書いたり、公認心理師向けに研修会を開催するなど活動を続けております。そこでの活動の成果をまとめたものが本書ですが、国内では知的障害のある人への心理支援について扱っている文献は少なく、本書はおそらく本邦初のテーマの書籍になっているとか思います。

　そのため、基本的な情報を読者の皆さまに届けたく、前半に関してはかなり専門的な話を盛り込みました。体系的に整理するように努めていますので、知的障害のある人のメンタルヘルスやその心理支援の概要を学ぶにはちょうどいいと思います。その分、後半はそれぞれの著者が実践した事例を具体的に紹介しました。どの事例も知的障害のある人に支援を適用するための様々なアイデアや工夫が散りばめられています。本書を読んだあとに、こんな方法があるんだ、今度このやり方を使ってみようと思うことが何度もあったのではないでしょうか。それだけでなく、知的障害のある人たちが歩んできた来歴を辿り、洞察し、今の自分の生活や人生を取り戻していくプロセスを垣間見ることもできたと思います。今回の編集にあたって事例を読み、知的障害のある人への心理支援は、心理支援のバリアを解消すると同時に、「知的障害」という枠に囚われず、1人の若者との共同作業を真摯に実践することが必要だとあらためて感じました。

　最後に、医療、福祉、教育、家庭、地域で、知的障害のある人への心理支援に携わっている（もしかしたら孤軍奮闘しているかもしれない）読者の皆さまに本書が何らかのお役に立てることを願って、おわりのことばとしたいと思います。

令和4年7月13日
下山真衣

著者紹介

下山 真衣（しもやま・まえ）【編集・はじめに・第 1 章・おわりに】
信州大学学術研究院教育学系准教授。博士（障害科学）。公認心理師、臨床心理士、学校心理士。
筑波大学大学院博士課程人間総合科学研究科の院生時代から知的障害・発達障害のある子どもの行
動問題やメンタルヘルスをテーマに研究活動を続けている。

塩川 宏郷（しおかわ・ひろさと）【第 2 章】
実践女子大学生活科学部教授
小児科医師

竹内 康二（たけうち・こうじ）【第 3 章】
明星大学心理学部心理学科教授
公認心理師、臨床心理士

岩佐 和典（いわさ・かずのり）【第 4 章】
大阪公立大学大学院現代システム科学研究科准教授
公認心理師、臨床心理士

堂山 亞希（どうやま・あき）【第 5 章】
目白大学人間学部子ども学科専任講師
公認心理師、臨床心理士、臨床発達心理士

田中 恒彦（たなか・つねひこ）【第 6 章】
新潟大学人文社会科学系・教育学系列准教授
公認心理師、臨床心理士、専門行動療法士

榎本 拓哉（えのもと・たくや）【第 7 章】
徳島大学大学院社会産業理工学研究部准教授
公認心理師、臨床心理士

飛田 鮎太（とびた・あゆた）【第 8 章】
あしかがの森足利病院
公認心理師、臨床心理士

装丁　有泉　武己

知的障害のある人への心理支援　　　　©2022
思春期・青年期におけるメンタルヘルス

2022年10月1日　初版第1刷発行
2024年4月20日　初版第3刷発行

編著者　下山真衣
発行者　杉本哲也
発行所　株式会社　学苑社
東京都千代田区富士見2－10－2
電話　　03（3263）3817
FAX　　03（3263）2410
振替　　00100－7－177379
印刷・製本　藤原印刷株式会社

ISBN978-4-7614-0837-4　C3011

いじめ

発達障がいといじめ
発達の多様性に応える予防と介入

小倉正義【編著】

A5 判●定価 2970 円

いじめへの「認識と実態」「予防」、そして「介入」までを解説し、発達障がいのある子どもたちをいじめから守る方法を探る。

応用行動分析学（ABA）

施設職員 ABA 支援入門
行動障害のある人へのアプローチ

村本浄司【著】

A5 判●定価 2750 円

強度行動障害に取り組む施設職員待望の 1 冊！ 紹介される理論と方法とアイデアには、著者の長年の実践研究の裏付けがある。

発達障害

発達障害のある子の パーソナルデザイン
「ぼくにぴったり」のノウハウとコツを見つけて

添島康夫・霜田浩信【編著】

B5 判●定価 2420 円

自分にぴったりの活動スタイルが見つかり、学びの力が育っていく。子どもの中の可能性が動き出す「パーソナルデザイン」を見つけるための書。

発達障害

こんな理由があったんだ！
「気になる子」の理解からはじめる

発達臨床サポートブック

綿引清勝【著】
イトウハジメ【絵】

A5 判●定価 1870 円

保育所・幼稚園・小学校等の教育・保育現場や子育てで実践的に活用できるように、つまずきの理解と支援方法が満載。

特別支援教育

「子どもの気持ち」と「先生のギモン」から考える

学校で困っている 子どもへの支援と指導

日戸由刈【監修】
安居院みどり・
萬木はるか【編】

B5 判●定価 2200 円

先生のギモンや子どもの気持ちの背景にある発達特性を知り、適切な支援につなげることができれば、先生も子どもも、もっと楽になるはず！

特別支援教育

「自分に合った学び方」
「自分らしい生き方」を見つけよう

星と虹色なこどもたち

星山麻木【著】
相澤るつ子【イラスト】

B5 判●定価 2200 円

さまざまな特性のある、こどもたちの感じ方・考え方を理解し、仲間同士で助け合うための方法を提案。一人ひとりのこどもを尊重するために。

税 10%込みの価格です

学苑社　Tel 03-3263-3817　〒 102-0071 東京都千代田区富士見 2-10-2
Fax 03-3263-2410　E-mail: info@gakuensha.co.jp　https://www.gakuensha.co.jp/